매일 밤
10시 30분의 기적

우리 집 식탁에서 울린 하나님의 음성

매일 밤
10시 30분의 기적

구은주 지음

태인문화사

그리스도인들에게 성경은 가까이 하기에 너무 먼 책입니다. 《매일 밤 10시 30분의 기적》은 한 가정의 작은 결심이 어떻게 큰 기적으로 이어지는지를 보여주는 감동의 기록입니다. 사춘기 자녀들과 함께 매일 밤 같은 시간에 성경을 펼쳐 읽는다는 것이 처음에는 불가능해 보였을지 모릅니다. 최소한 저에게는 그렇게 느껴졌습니다. 그러나 이 가족은 꾸준히 식탁에 모여 말씀을 읽으며 하나님의 살아 계신 음성을 들었고, 그 자리에서 하나님께서 친히 역사하시는 것을 경험했습니다.

책장을 덮을 즈음 독자는 자연스레 깨닫게 됩니다. 성경은 먼 옛날 이스라엘의 이야기가 아니라 지금 우리의 가정과 삶에 직접 말씀하시는 하나님의 생명력 있는 음성이라는 사실을 말입니다. 이 가정의 간증은 부모와 자녀의 관계가 회복되고, 가족이 서로의 마음을 깊이 이해하게 되며, 하나님 안에서 다시 세워지는 과정을 따뜻하게 보여줍니다.

완벽하기 때문에 기적이 일어난 것이 아니라, 불완전한 모습 그대로 하나님 앞에 나아갔을 때 기적은 시작되었습니다. 싸움과 갈등이 있던 자리조차 하나님께서는 은혜의 통로로 바꾸셨습니다. 바로 이 점이 우리 모두에게 큰 위로와 도전이 됩니다.

어머니 구은주 작가가 써 내려간 《매일 밤 10시 30분의 기적》은 그저 한 가정의 이야기만이 아닙니다. 성경을 펼치기 시작하는 그 순간부터 하나님은 우리와 함께하시고 우리 가정을 새롭게 빚어가신다는 살아 있는 증거입니다. 이 책을 읽는 모든 가정마다 다시금 말씀의 기쁨이 회복되고, 하나님께서 일하시는 놀라운 은혜를 체험하게 되리라 확신하면서 강력하게 일독을 권합니다.

연세대학교 연합신학대학원 교수, CBS 기독교방송 이사 **권수영**

《매일 밤 10시 30분의 기적》은 한 가정이 매일 같은 시간에 모여 성경을 읽으며 겪은 작은 기적들을 담아낸 이야기입니다. 하지만 이 책은 단순히 신앙의 기록을 넘어, 우리가 잊고 있던 가족의 의미를 다시금 일깨워줍니다.

저자가 고백하는 삶의 여정은 특별하거나 화려하지 않습니다. 낯선 땅에서의 불안, 아이들의 사춘기, 부부 사이의 갈등, 가족 간의 잦은 다툼…. 그 모든 현실은 우리와 다르지 않습니다. 그러나 이 가족은 매일 밤 10시 30분, 식탁에 둘러앉아 말씀을 읽는 단순한 습관을 포기하지 않았습니다. 완벽하지 않았기에 더 소중한 자리였는지 모릅니다. 때로는 다투고, 지쳐서 미루고 싶을 때도 있었지만, 그 자리에 모일 때마다 조금씩 마음이 열리고, 서로를 바라보는 눈빛이 달라졌습니다.

이 책의 감동은 바로 여기에 있습니다. 신앙은 억지로 만들어지는 것이 아니라, 매일의 작은 실천 속에서 자연스럽게 스며든다는 사실입니다. 아이들은 말씀을 통해 자신들의 혼란을 나누기 시작했고, 남편은 삶의 새로운 방향을 발견했으며, 가족은 다시 하나가 되는 경험을 했습니다. 저자는 그것을 '기적'이라 부릅니다. 사실 기적은 거창한 사건이 아니라, 매일 반복되는 일상 속에서 서로에게 마음을 여는 그 순간에 일어난다는 것을 보여줍니다.

《매일 밤 10시 30분의 기적》은 바쁜 일상에 지쳐 가족과의 시간을 놓치고 있는 우리에게 따뜻한 초대를 건넵니다. 책장을 덮는 순간, 독자는 아마도 가족과 함께 앉아 대화를 나누고 싶은 마음을 갖게 될 것입니다. 그것이 이 책이 우리에게 주는 가장 큰 기적이 아닐까요.

작가, 전 청와대 행정관, tvN '유퀴즈온더블럭-문서의 신' 출연 백승권

성경 읽기는 삶의 습관을 형성하는 신실함의 끝판왕입니다. 하루의 끝자락에 도란도란 성경을 읽는 가족은 일상을 지성소로 만듭니다. 때로 불편함과 어색함, 피곤함과 다급함을 감내하며 지키는 카이로스 시간 10시 30분은 우리의 삶을 두 개의 스토리로 엮어냅니다.

나의 스토리와 그분의 스토리로. 매일 성경을 읽으며 우리의 작은 스토리를 '하나님의 큰 스토리'로 잡아주고, 보호하고, 화해하고, 연합하여 삶을 경외하도록 합니다. 성경을 읽으며 지성소가 내 삶이었음을 깨닫고 일상에서 하나님의 임재를 경험하는 구은주 작가님의 가족들을 만나 하나님 이야기를 듣고 싶습니다.

다드림교회 담임목사 **김병년**

프롤로그

매일 밤 10시 30분. 우리 가족은 성경을 읽는다. 잠들기 전, 온 가족이 다 함께 식탁에 모여 성경으로 하루를 마무리한 지도 벌써 1,000일이 훌쩍 지났다. 한 지붕 아래 살면서도 각자의 공간으로 숨어들기 바쁜 요즘 같은 시대에, 모든 가족 구성원이 오랜 시간 공통된 관심사로 무언가를 함께 한다는 건 분명 쉽지 않은 일이다. 그것도 고리타분한 성경 읽기라니! 남편도 그렇지만, 사춘기가 한창인 두 아이가 이렇게까지 열심히 참여할 줄은 예상치 못한 일이었다. 쉬지 않고 1,000일 넘게 이어온 우리 가족의 성경 읽기는 그야말로 하나님의 축복이었다.

친척 하나 없던 미국 땅에 덩그러니 놓였을 때, 그 막막함은 상상 이상이었다. 직장에서도 부서 하나만 옮기어도 적응하는 데 시간이 걸리는 법인데, 하물며 생김새도, 언어도, 사고방식도 다른 사람들 사이에서 삶의 터전을 새롭게 꾸려야 하는 일은 마치 물에 기름을 섞는 것처럼 불가능해 보이기까지 했다.

무엇보다 가장 걱정스러운 것은 아이들이었다. 곧 맞이할 사춘기, 자기 안의 혼란을 처리하기도 벅찰 나이에, 모든 게 생소하고 낯선 타국 생활까지 잘 견뎌줄 수 있을지 노심초사였다. 한국에 비해 많은 부분에서 자유가 허용되는 나라! 아이들이 더 넓은 세상에서 많은 것을 경험하며 자랄 수 있다는 희망도 있었지만, 반대로 각종 위험 요소에 대한 노출 가능성도 크다는 것을 의미하기도 했다. 혹여나 미숙한 호기심에 잘못된 선택을 하는 일이 벌어지지는 않을지 부모로서 여간 불안한 게 아니었다.

아이들이 무너지면 부모도 무너진다. 이것은 가족의 붕괴로까지 이어질 수 있다. 미국 사회에 녹아들지 못해 결국 뿔뿔이 흩어져 한국으로 돌아간 가족들의 비극을 전해 들을 때면 마냥 남의 일 같지 않아 덜컥 두렵기까지 했다.

미국 이민. 뿌리째 뽑혀 옮겨심어진 나무 같아 모든 게 위태로웠던 그때, 나는 풀기 어려운 커다란 숙제를 짊어진 기분이었다. 무슨 일이 있어도 건실한 가정으로 뿌리내려야 했다. 내 아이들이 어떤 상황에서도 흔들리지 않도록 올바른 가치관을 심어 주어야 했다. 부모로서 내가 무엇을 할 수 있을까? 누가 좀 도와줬으면 했다. 살면서 누군가의 도움이 그렇게 절실했던 것은 아마 그때가 처음이었을 것이다. 그야말로 기댈 곳이 간절히 필요했다.

그때 한 줄기 섬광처럼 내 시야에 들어온 두 글자가 있었으니 바로 '성경'이었다. 책장 속 깊숙이 꽂혀 있는 성경책을 보는 순간 '쿵' 하고 가슴이 내려앉는 게 아닌가. 마치 하나님께서 너의 기댈 곳은 여기라고 말씀하시는 듯했다. '아! 이렇게 어리석을 수가 있을까.' 평생 하나님의 자녀로 살아왔으면서 나와 동행하신 하나님을 이렇게나 까맣게 잊고 지냈다니. 하나님은 길이요 진리요 생명인데, 하나님이 인도하시고 하나님이 방향을 바꾸시면 맨 뒤로 밀려나더라도 맨 앞이 되는 게 하나님의 섭리인데 말이다.

가슴 속에서 뜨거운 성령님의 인도하심이 느껴졌다.

아직 일어나지 않은 일에 대한 걱정 따위를 미리 할 필요는 없었다. 불안 대신 하나님에 대한 신뢰, 가족 간의 믿음을 견고히 심으면 될 일이었다. 사실 우리 가족이 미국에 온 것부터가 기적이 아닌가. 하나님의 큰 그림이 없었다면 우리는 미국에 올 수 없었을 것이다.

기적은 거기서 끝나지 않았다. 믿음이 없던 남편이 성경을 읽자고 제안하고 처음부터 끝까지 통독해 보자는 가족의 공동 목표를 만들었다. 성경 통독은 시작하기는 쉽지만 끝내기는 어려운 일이다. 신앙에 대한 확신이 없었던 남편이 이 제안을 했을 때 나는 내 귀를 의심했다.

게다가 아이들도 아빠의 제안에 선뜻 동의하는 게 아닌가. '하나님! 감사합니다!' 하나님께서 우리 가정을 너무나 아끼고 사랑할 뿐 아니라 함께 일하신다는 것을 확인한 순간이었다. 가족이 함께 힘을 모아 큰 프로젝트를 완성하는 것은 서로를 깊이 알아가는 시간이었다. 이 외에도 우리 가족에게는 놀라운 일이 끊임없이 일어났다.

성경을 읽기 시작하면서 모든 걱정을 하나님께 내려놓았다. 하나님께서 알아서 일하실 것을 믿었다. 그러자 믿을 수 없을 만큼 놀라운 회복의 역사가 일어났다. 무엇보다 가장 큰 변화는 아이들이었다. 사춘기에 들어서자 부쩍 말수가 줄고 가족과 얼굴 마주하기를 불편해했다. 학교에서 돌아오면 방문부터 걸어 잠그는 게 일상이던 아이들이 어느날부터 문을 열고 거실로 나오는 게 아닌가.

아이들은 누가 묻지 않아도 이런저런 이야기를 건네기 시작했다. 그 어렵다는 부모와 자식 간에 대화의 물꼬를 아이들 스스로 퍼낸 것이다. 아이들은 자신을 덮친, 자신도 이해되지 않는 이 어지러운 감정들을 어떻게 처리해야 하는지 알 수 없었다. 그저 입을 닫고, 방문을 걸어 잠그는 것이 이 서툰 아이들의 최선이었음을 나는 대화하며 깨달았다. 우리는 그렇게 서로 더 깊이 알아가고 신뢰하게 되었다.

하나님은 이성과 상식을 뛰어넘는 방식으로 우리의 삶에 역사하셨다. 그동안 우리 가정이 한 일이라고는 매일 성경을 읽으며 하나님을 우리 삶의 중심에 둔 것뿐이었다. 그것이 전부다. 하나님께서 원하는 삶은 언제나 단순하고 명료했다.

2014년 6월부터 우리는 성경을 읽기 시작해서 5년이 지난 2019년까지 한글과 영어로 세 번을 통독했다. 수십 년 교회에 다닌 나도 아이들의 나이 때 성경을 통독한다는 것은 생각지도 못한 일이었다. 부모보다 30년 먼저 성경을 완독한 아이들이라니, 이 얼마나 큰 축복인가. 지난 5년 매일 테이블에 둘러앉아 온 가족이 성경을 읽은 시간은 우리 가족에게는 믿음의 역사가 되었다.

가정에 힘든 일이 있고 내 힘으로도 도저히 해결할 수 없는 일이 있다면, 매일 가족들과 함께 성경을 읽어 보라고 권하고 싶다. 처음부터 가족들이 순순히 마음을 내지 않을 수 있다. 실망할 필요 없다. 무슨 일이든 변화에는 그만큼의 시간이 필요한 법이니까. 우선 혼자라도 늘 같은 시간에 주변을 정리하고 고요한 마음으로 성경을 펼쳐 보고, 온전히 하나님의 일하심을 체험해보길 바란다.

하나님은 인간의 인식 저편에서 우리를 내려다보고 계신다. 문제는 인간이 만들지만, 문제 풀이는 언제나 하나님의 몫이다. 우리가 할 일은 오직 내가 앉은 자리에서 성경을 펴고 읽는 일뿐이다. 책장 구석 수북이 먼지 앉은 성경책이 축복의 통로다. 정해진 시간에 함께 모여 예배를 드린 후 하루를 마무리하면 그곳이 천국이다.

이 책은 한 가정에 내려진 특별한 은혜의 역사가 담겨

있다. 하나님의 가정이라면 마땅히 누릴 수 있는 축복의 기록이라 믿는다. 성경을 읽으면서 아이들은 진정으로 하나님의 존재를 믿게 되었다. 믿음은 강요로 만들 수 없다. 아이들에게 생긴 신앙심은 매일 스스로 읽은 한 줄 한 줄의 말씀이 내면에 단단히 쌓여 이루어진 자연스러운 결과였다. 부모도 어찌할 수 없는 아이들의 마음을 하나님께서 어루만져 주신 모양이다. 글을 쓰는 지금, 이 순간에도 감사가 넘쳐흐른다.

나는 이제 나와 가족을 넘어 이웃과 교회를 위해 기도한다. 타인에 대한 사랑은 우선 나에 대한 믿음이 견고할 때 가능한 일이다. 사랑과 믿음으로 충만한 각각의 가정이 꽃처럼 만개할 때 그 축복의 홀씨가 바람을 타고 멀리 멀리 퍼질 수 있다.

"모든 성경은 하나님의 감동으로 된 것으로 교훈과 책망과 바르게 함과 의로 교육하기에 유익하니 이는 하나님의 사람으로 온전하게 하며 모든 선한 일을 행할 능력을 갖추게 하려 함이라"

_디모데후서 3장 16~17절

차례

3장 | 가족이 함께 성경을 읽으면 화목한 가정이 된다

4장 | 예배가 된 일상, 일상이 된 예배

5장 | 성경을 통해 기적을 경험하다

6장 | 성경을 읽은 후 달라진 우리 가족

| 에필로그

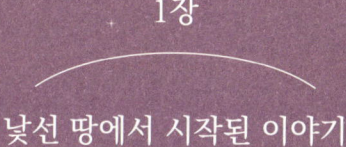

1장

낯선 땅에서 시작된 이야기

한국에는 없고 미국에 있는 것

결혼 후, 우리 가족은 남편의 직장 문제로 대만에서 5
년을 살다가 2006년에 한국으로 돌아왔다. 당시 큰아이
는 초등학교 2학년이었고, 둘째는 유치원생이었다. 아이
들 교육을 위해서 학군이 좋다는 강남에 집을 얻었다. 외
국에 살면서 아이들 교육에 늘 아쉬움이 남았던 터라 한국
으로 돌아오자마자 서둘러 알아본 게 학원이었다. 대만에
서 사교육과 동떨어진 삶을 살아온 시간만큼 교육의 격차
가 벌어져 있을 것이라는 막연한 두려움에 대한 발로였다.

대만에서 한가롭고 여유로웠던 육아 방식이 오히려
죄책감으로 다가왔다. 마치 레고 블록을 하나하나 쌓아

올리는 것처럼, 나는 아이들의 일정표에 학원을 하나씩 추가했다. 영어, 수학, 과학 등 각각의 블록은 내 불안을 달래 주는 진통제 같았다. 그렇다고 아이들이 딱히 학업에 뒤처진 것도 아니었는데, 불안한 건 내 마음 때문이었다. 그때는 내가 왜 그런지 스스로도 잘 몰랐다.

그렇게 엄마의 불안을 잠재우기 위해 학원을 하나씩 추가하다 보니 아이들은 쉬는 날 없이 학원을 들락거리게 되었다. 아이들과 가족 모두에게 불행의 씨앗이었다. 성장기 부모의 관심과 사랑 속에서 자랐어야 할 아이들이 경쟁의 현실 한가운데로 내몰렸으니 말이다.

초등학교 시절엔 다행히 학급 석차가 공개되지 않아 그나마 스트레스가 적었다. 아이들의 시험 점수로만 대략 실력을 짐작할 뿐이었다. 그런데 중학교에 들어가자 상황이 달라졌다. 내신 성적이 특목고 지원 기준이 되어 석차가 무엇보다 중요해졌다. 중학교에 올라가면서부터 엄마는 아이들의 진로를 진두지휘하는 전략가가 될 수밖에 없었다. 입시 정보가 있는 곳이면 어디든 달려가 정보를 수집했으며, 때에 맞춰 전략대로 학원을 정하기도 하고 반대로 정리하기도 했다.

곱디고운 중학교 아이들은 피부만 뽀얗지, 사실상 하루 종일 공부라는 이름의 노동에 종사하는 '작은 노동자'들이었다. 아이들의 공부를 '노동'이라는 단어로 치환해보면 그들의 노동 시간은 학교에서의 학업 시간을 포함해서 하루 15시간이 넘는다. 만약 어른들에게 하루 15시간을 노동하라고 하면 어떤 대답이 나올까? 아마 그렇게 일하면 죽는다고 버럭 소리 지르지 않을까. 그렇게 말도 안되는 노동을 우리 아이들이 하고 있으니 비극이 아닐 수없다. 그런데 더 비극적인 것은 공부 노동의 관리자가 다른 누구도 아닌 바로 엄마, 나라는 사실이었다.

기어가는 아이 위에 걷는 아이가 있고, 걷는 아이 위에 뛰는 아이가 있다. 그 위에 날아다니는 아이가 있는가하면, 나는 방식 또한 달랐다. 각자 소유한 '날개의 기종'이 다르기에 비상하는 속도 또한 천차만별이다. 아득바득오르려고 노력할수록 현실의 절벽에서 계속 미끄러져 내려가는 비참함을 느꼈다.

대만에서 한껏 밝았던 아이들의 얼굴에도 어느덧 짙은그림자가 드리워져 있었다. '경쟁의 끝에서 우리를 기다리고 있는 것은 무엇일까?' 하는 물음이 명치를 때리며 올라

왔다. 이렇게까지 아이들을 몰아붙일 일일까. 큰애는 말수가 적고 소극적인 아이이다. 말은 하지 않았지만, 이 어리고 작은 아이의 속이 그간 얼마나 무겁고 버거웠을지 생각하니 내가 너무 큰 잘못을 한 것 같았다. 미안해서 훔치고 훔쳐도 마르지 않는 눈물이 뚝뚝 흘렀다.

큰아이가 중학교 1학년을 마칠 즈음 우리 부부는 이민을 진지하게 고민하기 시작했다. 아이들의 미래를 생각해야 했고, 거기에 남은 인생과 남편이 못 이룬 꿈도 이민을 적극적으로 고민하는 데 한몫했다. 남편이 유학하기로 결심했다. 직장을 그만두고 젊었을 때부터 꿈꿔 온 공부를 다시 시작하겠다고 했다. 남편은 전공 분야의 경력을 이어갈 수 있는 조지아텍 박사과정에 지원했다.

가족을 데리고 유학하려면 당장 돈이 필요했다. 그간 벌어온 월급으로 가정을 꾸리고 대출이자 내면서 빠듯하게 살다 보니 수중에 모아 놓은 돈이 별로 없었다. 방법은 유일한 재산인 아파트를 처분하는 길뿐이었다. 한국에 작은 집이라도 하나 남겨 두고 싶었지만, 그럴 여유를 부릴 때가 아니었다.

유학을 떠나기 전, 우리는 아이들에게 먼저 미국을 보

여 주고 싶었다. 새로운 문화를 접하기 전, 그들의 마음에 긍정적인 동기를 심어 주고 빠듯한 살림이었지만 돈보다 중요한 가치가 있다는 것을 교육하고 싶었다.

그래서 우리는 LA에서 시작해 라스베이거스, 그랜드 캐니언, 세도나, 휴스턴까지 광활한 미대륙을 함께 달렸다. 아이들은 그 장엄한 자연 앞에서 넋을 잃고, 나와 남편은 머리속의 계획을 더 구체적으로 그려갔다. 무리해서라도 떠난 그 여행은, 지금 생각해도 잘한 결정이었다.

이제는 몸으로 부딪혀 살아갈 일만 남았다. 주변에서는 "왜 안정된 삶을 포기하고, 일가친척도 없는 타국으로 가느냐?"라며 걱정했다. 그 물음에 내 마음도 흔들렸지만, 깊은 내면에서 작은 음성이 또렷이 들려왔다.' 걱정을 내려놓아라. 설레고 기대하라. 내가 너의 상황을 인도하리라.' 한국에는 없고 이민 갈 나라에는 있는 것, 그건 바로 '희망'이었다.

돌이켜 보면, 인생의 가장 중요한 순간마다 하나님께서 개입해 주셨다. 이민 또한 남편이 스스로 내린 결정이 아니라는 것을 시간이 흐른 뒤에야 알았다. 모든 것은 이미 멀리까지 내다보신 하나님의 큰 계획이었다. 그 섭리를 깨닫고 나니, 나의 입에서는 자연스레 '하나님 감사합니다'라는 고백과 함께 눈물이 쏟아져 내렸다. 그 눈물은 온전히 기쁨과 환희의 눈물이었다.

천국은 멀리 있지 않았다. 하나님의 임재를 확신하는 순간, 내가 있는 바로 그곳이 천국이었다.

여보, 나 회사 그만두기로 했어

"여보, 나 회사 그만두기로 했어."

중국에서 돌아온 남편이 던진 한 마디에 나는 밥 먹던 숟가락을 떨어뜨릴 뻔했다. 대만 최대 기업의 사장이라는 자리, 그 화려한 명함을 내려놓겠다는 것이었다. 남편의 경력은 누가 봐도 성공 가도를 달리는 삶이었다. 30대에 임원 자리에 올라 전 세계를 누비며 100건이 넘는 미국 특허를 등록했고, 마침내 대만 굴지의 기업 사장이 되었다. 세상의 잣대로 보면 더할 나위 없는 성공한 삶처럼 보였다.

하지만 그 화려함 뒤에는 무너져 가는 일상이 있었다. 주말마다 이어지는 접대 골프, 밤늦은 회식 자리, 끝없는 해외출장으로 아이들은 아빠의 얼굴을 잊어갔고, 나는 점점 낯선 사람이 되어가는 남편이 두려웠다. 남편이 회사를 그만두기로 결심한 것은 아이들의 교육 문제와 끝끝내 미련이 남았던 그의 못다 이룬 꿈 때문이었다.

"이대로는 안 되겠어. 젊었을 때 못다 한 공부를 다시 시작해야겠어. 연구하면서 학생들의 꿈을 찾아 주는 사람이 되고 싶어."

남편의 눈빛은 달라져 있었다. 그런 빛나는 눈빛을 본 게 언제였을까. 아마도 20대 후반, 유학을 꿈꾸던 그때였을 것이다. 남편은 군 복무를 위해 유학을 포기했고, 특례 연구원으로 일하다 어느새 회사라는 굴레에 묶여 버렸다. 젊은 날의 꿈은 서류 더미 속에서 점점 묻혀갔다.

마흔이 넘어서야 '어떻게 살아야 할 것인가?'라는 삶의 본질에 가닿는 질문을 시작했다. 어딜 가거나 결국은 끝을 직면해야 하는 직장에서의 한시적인 성공보다는 가정과 아이들의 미래를 우선하기로 했다.

그는 대기업 사장 자리를 과감히 던졌다. 이민이라는 새로운 그림을 그리고 본인이 해야 할 일을 즉시 실행했다. 교수가 되겠다는 새로운 목표를 세웠다. 학생들을 가르치며 그들의 꿈을 찾아 주는 삶을 살고 싶었다. 그러기 위해서는 박사학위가 필요했고 미국으로 유학은 불가피했다. 그렇게 결심한 다음 날, 즉시 영어학원을 등록했다. 하루아침에 한 집안의 가장은 실업자가 되었다. 남편은 새벽마다 도시락을 싸서 학원으로 갔다.

당시에 표현은 안 했지만, 남편의 도전은 무모하다 못해 무책임하게 느껴졌다. 한참 커나가는 아이들의 교육비와 아파트 대출금, 양가 부모님 용돈과 병원비로 나가는 고정지출이 많던 때라 정기적인 수입이 있어야 했다. 현실을 생각하면 오싹하리만큼 겁이 났지만, 남편이 누구보다 열심히 살아온 걸 알기에 그의 꿈을 지지하지 않을 수 없었다.

나 또한 마음을 비우고 허리띠를 졸라맸다. 수입이 없으니 긴축 재정으로 바꾸고 모든 씀씀이를 확 줄였다. 남편은 점심값을 아끼겠다고 새벽마다 도시락을 싸며 늦깎이 고시생처럼 공부에 매달렸다.

그렇게 조마조마한 마음으로 미국 대학에 입학원서를 냈다. 원서를 내고 몇 달을 기다렸다. 하지만 태평양 건너 미국에서는 아무런 소식이 없었다. GRE 점수가 잘 나오지 않아서 서류전형에서 떨어진 것은 아닌지 걱정이 되었다. 사실 계획대로 박사과정에 합격해도 쉽지 않은 길이었지만 떨어져도 재수를 할 수 없으니 그것 또한 문제였다. 감감무소식에 내가 초조해 하니 남편은 학교에 이메일을 보내 문의했다.

며칠 후 메일이 왔다. 5월 말 미국에 인터뷰하러 오라는 내용이었다. 그제야 안도의 한숨을 쉬었다. 며칠 되지 않은 시간이었지만, 그 속앓이는 말로 다할 수 없을 정도였다. 입학을 위한 최종 인터뷰를 위해 남편은 홀로 미국으로 날아갔다.

그리고 인터뷰 장소에서 일어난 놀라운 일은, 우리 가족의 삶을 완전히 뒤바꿔 놓았다.

학생이 아니라 교수가 되라고요?

"사람이 마음으로 자기의 길을 계획할지라도 그의 걸음을
인도하시는 이는 여호와시니라"

_잠언 16장 9절

다음은 교수로 임용되고 한국에 돌아와서 남편이 전
한 이야기다.

드디어 최종 인터뷰 날이다. 시차로 인해 잠을 잘 수 없었
기에 날이 밝기 전에 일어나 샤워와 면도를 말끔하게 하고
정장을 차려입었다. 방을 나서기 전 마지막으로 자기소개

와 그동안 개발했던 제품 이력과 관련 자료집을 꺼내 읽으며 내용을 정리했다. 호텔 창문 밖으로 캠퍼스의 푸른 나무와 붉은 벽돌로 둘러싼 건물들이 눈에 들어왔다. 나는 거울 속 얼굴을 한동안 응시하면서 '잘할 수 있어!' 하고 다짐했다.

면접장에 도착하니 이미 여섯 명의 교수가 기다리고 있었다. 각자의 소개가 끝나고, 본격적인 인터뷰가 시작되었다. 면접실은 현대적인 느낌을 주는 깔끔한 공간이었고, 벽에는 이 대학이 배출한 유명 인물들의 사진이 걸려 있었다. 교수들은 나의 연구 계획과 과거 회사 경력에 대해 깊이 있는 질문을 던졌다.

"미스터 김, 반도체 분야에서의 경력이 참으로 인상적입니다. 특히 다양한 국가에서 공장 설립과 기술 개발 경험에 대해 조금 더 자세히 말씀해 주시겠습니까?"

나는 긴장된 목소리로 천천히 답했다.

"예, 저는 한국, 대만, 중국에서 반도체 공장의 생산설비를 구축하고 고객과 신제품을 개발하는 프로젝트를 주도적으로 이끌었습니다. 이 과정에서 다양한 기술적 도전과 문제를 해결하면서 많은 것을 배웠습니다."

질문이 계속되던 중, 한 교수가 의미심장한 미소를 지으며
물었다.

"미스터 김, 당신의 산업 분야에서의 다양한 경험과 수많
은 기술 개발에 대한 특허는 참으로 인상적입니다만, 학
생들은 어떻게 가르치고 싶으십니까? 산업 현장의 기술과
학교에서의 이론 수업은 완전히 다른데요?"

나는 순간 혼란스러웠다. '웬 이론 수업? 왜 내게 수업에
관한 질문을 하는 거지? 조교 GTA, Grduate Teaching Assitant
에 관한 이야기겠지?' 수업에 관한 질문이 들어오자 순간
당황했지만, 다시 침착하게 대답을 이어나갔다.

"저는 회사에서 누구보다 열심히 일했습니다. 그 결과 비
교적 젊은 나이에 많은 기술 개발을 주도했고요. 이는 누
구에게도 뒤지지 않는 열정이 있었기에 가능했다고 생각
합니다. 학생들에게 산업 현장에서 성공한 저의 경험을 어
떤 회사에 가더라도 바로 적용할 수 있도록 이론부터 체계
적으로 가르치고 싶습니다. 그러면 많은 회사가 조지아공
대 학생을 선호할 것입니다. 게다가 회사에서 오랫동안 임
원으로 일한 경험을 바탕으로 직장에서 목표 달성을 위한
팀워크를 가르칠 자신이 있고, 또 그에 대한 열정이 있기

에 늦은 나이에 조지아공대와 같은 명문 공대로 오고자 하는 것입니다."

인터뷰가 끝나자, 교수들은 회의하기 위하여 나에게 잠시 나가 있으라고 했다. 복도 끝 창문 너머에는 멀리 코카콜라 본사와 Bank of America의 첨탑이 보였다. 오월의 신록이 짙은 교정에는 학생들이 한두 명씩만 지나갔다. 이미 여름방학이 시작되어 학생들이 보이지 않았다. 내가 이곳에서 저들과 함께 공부할 수 있을까 괜히 가슴이 두근거렸다. 몇 분이 흘렀을까 문이 열리고 교수 중의 한 명이 들어오라고 불렀다. 떨리는 마음으로 회의실에 뒤따라 들어가니 교수들이 모두 일어서서 맞이했다. 그들의 얼굴에는 미소가 번져 있었다. 그중 학과장이 환하게 웃으며 다가와서 악수를 청하며 말했다.

"축하합니다, 성진 킴. 이제 당신은 조지아텍의 정식 교수로 임용되셨습니다."

나는 순간 귀를 의심했다.

"무슨 말씀인지요? 저는 박사과정 입학 인터뷰를 하러 온 것이 아닌가요?"

나는 놀란 표정으로 물었다. 교수들은 웃음을 터뜨렸다.

"실제로는 박사과정 인터뷰가 아니라 교수 임용 면접이었습니다. 저희는 당신의 다양한 경력과 열정을 높이 평가하여 교수직을 제안하기로 했습니다. 우리는 당신과 같이 산업 현장에서 경험이 많은 인재를 찾고 있었습니다. 그래서 당신에게 research professor를 제안합니다."

나는 말문이 막혔다. 꿈에 그리던 박사과정 대신, 교수 임용이라니! 눈앞이 아찔해졌다. 교수들은 한 사람씩 다가와 악수를 청하며 축하의 인사를 건넸다. 그 순간, 20대부터 꿈꿔 온 교수의 꿈이 마흔이 넘어서 새로운 방식으로 이루어진 것을 깨달았다.

남편은 학교에서 인터뷰를 마치자마자 호텔로 달려가 전화로 이 놀라운 소식을 나에게 먼저 알렸다.

"자기야 나야."

남편의 목소리가 매우 상기되어 있었다.

나는 걱정 반, 기대 반으로 물었다.

"자기 인터뷰는 잘했어? 학위과정 합격이래?"

"응, 근데 믿기 힘든 소식이 있어. 우리 아파트 안 팔아도 돼. 나 다음 학기부터 교수하래."

나는 순간 이해가 안 됐다.

"그게 무슨 소리야?"

깜짝 놀라서 되물었다.

"이 학교에서는 나같이 산업체에서 경험은 많은 교수가 필요해서 찾고 있었대. 박사학위 취득은 교수하면서 병행하래."

"말도 안 돼!"

나는 너무 놀라 손으로 입을 막았고 "할렐루야!"가 나도 모르게 소리치며 나왔다. 나는 아이들에게 소리치며 말했다.

"얘들아! 아빠가 교수가 되었대."

우리 가족은 기쁨과 놀라움에 휩싸였다. 남편은 돈을 내고 공부하는 박사과정 학생이 아닌, 월급을 받으며 학생들을 가르치는 교수가 되었다. 집을 팔아 유학 가는 대신, 교수 신분으로 취업비자를 받고 미국에 갈 수 있게 되었다.

이 모든 일은 '하나님의 은혜'라고밖에 설명할 수 없었다. 남편이 유학을 결심했을 때, 내가 가장 걱정한 것은 재정문제였다. 저절로 매일 기도가 나왔다.

"하나님, 제가 한창 커나가는 아이들을 데리고 미국까지 가서 궁색하게 살고 싶지 않습니다. 우리 가정의 재정 문제를 해결해 주세요. 돈이 없어서 아이들이 하고 싶은 것을 하지 못 하고 배워야 할 것을 배우지 못 하는 일이 없도록 해 주세요."

하나님께서는 나의 기도를 들으셨고, 사람이 상상할 수 없는 방법으로 길을 열어 주셨다. 한국에서는 결코 있을 수 없는 일이 일어났다. 박사학위가 없는 사람이 교수로 임용된 것이다. 하나님은 우리 가족을 미국에 갈 수 있는 가장 완벽하고 더할 나위 없이 좋은 최고의 방법으로 인도하셨다.

남편은 자신의 꿈을 이루기 위해 안전지대를 벗어났다. 회사 대신 학원을 다니고, 술집 대신 도서관에서 공부하며, 하나님께서 주신 기회를 스스로 붙잡았다. 사람의 생각으로는 불가능해 보였던 길을 하나님께서 열어 주셨다.

마치 이스라엘 민족이 광야에서 가나안 땅으로 들어갈 때 언약궤를 짊어지고 요단강에 발을 먼저 디디자, 물이 갈라지고 마른 땅이 드러나며 길이 났듯이, 하나님께서는 우리가 기도하며 걱정했던 아주 작은 것도 다 들어 주셨다. "새로운 기회를 얻기 위해서는 손에 쥐고 있는 것을 놓아야 한다. 양손 가득 움켜쥐고서는 새로운 것을 가질 수 없다"는 말이 실감났다.

우리 가족이 미국에 온 이야기를 할 때마다, 나는 하나님께서 이 모든 길을 열어 주시고 인도하셨다고 간증한다. 하나님은 길이 없는 곳에 길을 만드시는 분이시다. 이는 사람이 상상할 수 없는 방법이며, 오직 하나님께서 행하셨다고밖에 고백할 수 없도록 그분의 방식대로 우리 가족을 인도하셨다. 남편의 새로운 도전은 우리 가족에게 큰 변화를 가져다주었고, 이제 우리 가족은 새로운 땅에서 인생의 새 막을 열게 되었다.

여기가 정녕 미국입니까?

'여기가 정말 미국이야?' 차에서 내리자마자 나는 혼잣말로 중얼거렸다. 마치 넷플릭스 드라마의 한 장면이 눈앞에서 펼쳐진 것처럼 깔끔하게 정돈되고 아름다운 동네였다. 햇살은 더없이 따사로웠고, 집집마다 푸른 잔디밭이 깔려 있었다. 팬지, 장미, 수국이 어우러진 화단은 마치 모네의 정원처럼 아름다웠다.

'이게 진짜 우리 동네라고?' 하지만 현실은 드라마와 달랐다. 이삿짐이 도착하기 전, 우리 가족의 첫 보금자리는 공사 중인 집의 지하실이었다. 바닥에 깐 신문지가 카펫이 되었고, 여행가방이 식탁이 되었다. 햇반과 컵라면으로 끼니를 해결하는 동안, 위층에서는 끊임없이 공사 소음이 울려 퍼졌다.

"엄마, 우리 정말 여기서 살아야 해요?"

아이의 목소리에 담긴 불안을 달래며 나는 웃었다.

"캠핑왔다고 생각하자. 재미있지 않니?"

이곳의 삶은 모든 것이 낯설었다. 커피 한 잔을 마시기 위해 10분을, 장을 보기 위해 30분을 운전해야 했다. 한국에서는 마트와 상점들이 가까이 붙어 있는데 드넓은 땅 미국에서는 모든 것들이 멀리 떨어져 있어 차 없는 생활은 상상도 못할 일이었다. 아이가 코가 막혀 찾은 병원에서는 600달러라는 청구서를 발행해서 아연실색하기도 했다. 한국에서 5천 원이면 될 일이었는데 분노와 허탈감이 동시에 밀려왔다.

새 차를 사러 갔을 때의 일화는 지금도 잊을 수 없다. 매장에서 차를 보려고 하니 시승용 차량이 따로 없다고 하면서 "마음에 드는 차를 곧바로 몰고 가세요"라고 하는 말에 나는 어리둥절했다. 한국의 친절하고 꼼꼼한 영업사원에게 길들여진 나로서는 황당하기 그지없었다. 6천 마일이나 달린 차를 새 차라고 파는 것이다. 많은 차를 보러

다니다가 결국 선택한 것은 아이들 태우기에 편한 실용적인 미니밴이었다. 로망은 접어두고 현실을 선택한 첫 순간이었다.

집을 채우는 일은 또 다른 도전이었다. 마치 신혼집을 꾸미는 새색시처럼 매일 쇼핑에 몸과 마음을 바쳤다. 소파, 침대, 식탁 등 하나하나 고르다 보면 어느새 하루가 다 갔다. 우유부단한 나의 성격은 여기서도 빛을 발했다. 한 가지를 선택한다는 건 수많은 다른 가능성을 포기해야 하므로 그 이별이 늘 아쉬웠다.

드디어 도착한 한국에서의 이삿짐. 그런데 웬걸 한국에서 어울렸던 세간살이들을 미국집에 채워놓으니 마치 사극 드라마에 어울리는 소품이 현대 드라마에 나온 것처럼 부자연스럽고 어색해 보였다. 심지어 버블랩을 풀 때 미처 버리지 못한 쓰레기까지 소중하게 들어있으니, '아, 이런 것까지 갖고 온 거야?'라는 생각이 들며 후회와 한숨이 절로 나왔다.

두 달 간의 정신없는 정착기를 거치고 나서야 집이 제 모습을 갖추기 시작했다. 롤러코스터 같았던 나날들이 조금씩 안정을 찾아갔다. 이제 시작이었다. 드라마에서 나오는 꿈같은 아메리칸드림에서 깨어나 현실의 미국에서 살아갈 일만 남았다.

창밖에서는 여전히 다람쥐가 나무를 오르내리고, 나비가 꽃들 사이를 날아다녔다. 새소리와 풀벌레 소리가 어우러진 이국적인 풍경 속에서, 우리 가족의 새로운 이야기가 시작되고 있었다.

생수의 강이 흐르는 곳에서

"여보세요…?"

텅 빈 집에 메아리가 울려 퍼졌다. 채팅창 속 한국 친구들은 이미 잠들어 있었다.

매일 아침, 남편과 아이들을 배웅하고 나면 적막이 찾아왔다. 창밖으로는 여전히 청설모가 나무를 오르내리고 형형색색의 꽃들이 바람에 하늘거렸지만, 그 아름다움조차 외로움을 더할 뿐이었다.

한국에서의 나는 아이들의 사교육을 위해 누구보다 바쁘게 살았다. 학원 입시 요강, 학부모 모임, 녹색 어머니 모임, 부모 교육, 학원 특강 등등, 아이들이 집에 돌아오기 전까지 내 하루는 온갖 모임과 약속으로 채워져 있었다. 좋은 학원 정보를 얻으려면 엄마들과 끈끈한 관계를 유지해야 했고, 그룹 과외 활동이나 팀 수업에 내 아이가 함께 할 수 있도록 또래 친구들 생일파티에도 빠짐없이 참석했다. 늘 이런저런 모임과 행사로 정신없던 와중에도 하교 시간이 다가오면, 아이들 뒷바라지와 학원 라이딩을 위해 부리나케 집으로 달려갔다.

그렇게 늘 사람들 속에 정신없이 지냈던 내가 미국에 오자, 하루아침에 무인도에 버려진 듯했다. 만날 사람도, 갈 곳도 없는 하루. 집 안에 혼자 남아 청소하고, 빨래하고, 점심을 먹자마자 또 아이들 간식과 저녁을 준비했다. 그리고 아이들 하교 시간에 맞춰 학교 앞에서 아이들을 기다렸다. 수업이 끝나고 멀리서"엄마!"하고 달려오는 아이들을 보는 순간, 나도 모르게 붉어진 눈시울을 감추었다.

하루 종일 혼자 있다가 아침에 헤어진 아이들을 다시 보니 마치 이산가족 상봉이라도 된 듯 반가운 마음이 벅차올랐다. 하지만 아이들의 반응은 싱겁기 그지없었다.

"학교는 어땠어?"

"그냥 그래요."

"친구들은?"

"괜찮아요."

단답형 대화가 끝나면 다시 적막이 찾아왔다.

그러던 어느 주일, 교회 마당에 서 있던 한 입간판이 내 시선을 사로잡았다.

'생수의 강'

사람이 그리운 나는 대화할 상대가 필요했던지라 뭔가에 이끌리듯 발걸음을 옮겼다. 외로움도 달래고, 성경 공부도 할 수 있는 일거양득의 프로그램일 거라는 생각으로 바로 모임에 등록했다. 모임에는 테이블마다 8명 정도가 한 조가 되어 리더인 조장과 조원의 손발이 되어 주는 도우미 집사님이 계셨다.

12주 동안 매주 만나서 주제별로 공부하고, 성경을 외우고, 찬양하고 기도했다. 또 예수님은 누구인가부터 시작해서 한 주일 동안의 삶을 나누고, 기도 제목을 말하고 서로를 위해서 중보기도를 했다. 일주일 동안 매일 성경 읽고 암송하는 숙제도 있었다.

'생수의 강'에서 나는 인자하고 따뜻한 성품을 가진 전도사님을 만났다. 목사님이셨던 남편을 1년 전에 암으로 천국에 보내고 그 뜻을 이어받아 신학 공부하는 사모님이었다. 그분은 내가 친정엄마처럼 믿고 의지할 수 있는 멘토가 되었다. 처음 만나자마자 "어서 오세요." 하며 두 팔 벌려 나를 따뜻하게 안아 주었고 마치 오랫동안 나를 기다린 사람처럼 반겨 주었다.

그분은 나에게만 친절한 게 아니었다. 아프고 외로운 사람, 거동이 불편한 사람들을 살피고 손과 발이 되어 주려고 바쁘게 사역을 하였다. 그분이 가장 잘하는 일은 사람들의 말을 경청하고 위로하며 간절히 하나님께 기도하는 일이었다. 내가 골프 카트 전복 사고로 응급실에 실려가 수술받을 때도 새벽부터 달려와서 병원 복도 앞을 지켜주신 분이었다. 남편이 출장 중이라 보호자도 아들밖에 없었는데 수술 끝날 때까지 친정엄마처럼 병원 복도에서 반나절 이상을 기도하며 기다렸다.

그분을 '생수의 강'을 통해서 만난 것은 하나님께서 나에게 주신 선물이었다. 미국에 살면서 엄마처럼 믿고 의지할 분을 하나님께서 예비해 두셨다. 힘든 일이 있을 때마다 달려가서 마음을 털어놓고, 함께 울어주며 기도해 주실 분을 만난 것이다.

12주의 '생수의 강'을 마치면서 매일 큐티를 하고 묵상으로 하루를 시작했다. 어렸을 때부터 읽은 성경은 어렵고, 난해하고, 딱딱한 문장 묶음 그 이상의 의미는 없었다. 하지만 '생수의 강' 이후 성경 속 이야기에 재미를 알아가기 시작하자 성경을 읽고 싶은 마음이 들면서 말씀을 사모하는 마음이 점차 뜨거워졌다.

하나님은 이민와서 내가 혼자 외로워하고 있을 때, '생수의 강'을 통해 믿음의 친구들을 보내 주셨다. 주변을 둘러보니, 남편을 하늘나라에 보내고 나서 낮에는 일하고 저녁에는 성경 공부하는 분도 계셨고, 육체적으로 힘든 상황에도 믿음으로 밝게 사는 분도 계셨다.

삶의 무게와 상관없이 그들의 얼굴에는 그늘 한 점 없이 평온했고 온화한 기운이 흘러내렸다. 동갑내기 친구인 문숙이는 내가 아프고 힘들 때마다 나를 위해 기도하는 동역자가 되어 주었다. 삶의 외로움에 지쳐갈 때 이런 내 상황을 잘 알고 계셨던 하나님은 한꺼번에 종합선물 세트 보따리를 안겨 주셨다.

중보기도 팀을 만난 건 특히나 감사할 일이다. 현지 사정을 전혀 몰랐던 내게 믿음의 친구들을 붙여 주셔서 이 땅에 뿌리를 내리고 정착하는 데 큰 힘이 되었다. 3개월의 프로그램이 끝나자마자 남편에게 '생수의 강'을 권면했다. 나중에 안 사실이지만, 남편은 내가 매일 성경을 읽기 시작하고 하나님 앞에 순종하는 모습을 보이자 대체 어떤 모임인가 내심 궁금했다고 한다. 역시 사람은 말이 아닌 진실한 마음과 일관된 행동으로 보여 주어야 변하는가 보다. 진실한 마음이란, 하나님 앞에 온전히 엎드려 순종하는 마음이리라.

만약 남편을 말로 설득하려 했다면 그는 변하지 않았을 것이다. 진정한 변화는 하나님께 순종하는 마음에서 시작된다는 것을 알았다. 하나님은 내 외로움을 아시고, 그것을 가장 완벽한 선물로 바꾸어 주셨다.

창밖에는 여전히 다람쥐들이 뛰어다닌다. 하지만 이제 그 풍경이 외롭지 않다. 하나님이 보내준 친구들과 함께라면 이국땅의 하늘도 더없이 따스하다.

그날 밤, 하나님이 부르셨다

"여호와께서 사무엘에게 이르시되 그 용모와 키를 보지 말라 내가 이미 그를 버렸노라 내가 보는 것은 사람과 같지 아니하니 사람은 외모를 보거니와 나 여호와는 중심을 보느니라"

_사무엘상 16장 7절

미국은 심심한 천국, 한국은 재미있는 지옥이라는 말이 있다. 해외에 사는 이민자는 누구나 공감할 것이다. 미국 직장인들은 일이 끝나면 일찍 귀가해 가족과 함께 시간을 보낸다.

우리 가족도 자연스레 이러한 생활에 적응해 아이들은 일찍 자고 일찍 일어나는 데 익숙해졌다. 남편과 나도 저녁마다 함께 시간을 보내는 일이 많아졌다. 이는 이민 온 후 우리의 삶 가운데 일어난 가장 큰 변화 중의 하나였다. 함께라서 좋은 점도 있지만, 함께해서 불편한 점도 없지 않다. 신혼 때처럼 사소한 다툼이 자주 일어나는 거였다.

'생수의 강'은 교회에서 평일 저녁에 하는 영성 프로그램이다. 내가 먼저 프로그램을 경험한 후 남편에게 소개했다. 남편은 일주일에 딱 한 번만 교회에 갔다. 평일에도 교회를 가면 시간 낭비이고 광신도들만 하는 행위라고 생각하고 있는 그를 설득하는 일은 쉽지 않았다. 남편은 마지못해 참여했다.

남편은 화요일마다 교회에서 저녁을 해결했다. 그 덕분에 난 일주일 한 번은 저녁을 안 해도 되는 해방의 시간을 가질 수 있었다. 미국에 온 후로는 4인 가족이 매일 같이 함께 모여 밥을 먹었다. 한국에서는 차 안에서 도시락 먹고 편의점 김밥으로 끼니를 때우던 아이들이었고, 퇴근 후 회식 때문에 밤마다 술 마시고 늦게 들어온 남편이었다.

한국에서는 4명이 함께 식탁에 둘러앉아 밥을 먹는

것이 한 달에 한 번 있는 가족 행사였다. 아빠가 일찍 오면 아이들은 학원에 있고, 아이들이 집에 있으면 아빠는 술자리에 있었다. 그런 가족이 저녁마다 식탁에 둘러앉아 밥다운 밥을 먹으니 이게 사람 사는 게 아닌가 싶었다.

'생수의 강' 프로그램에서는 육의 양식뿐 아니라 영의 양식을 골고루 채워 주었다. 12주 동안 성경을 읽고 과제를 충실히 완성해야 했다. 남편은 퇴근 후 돌아오면 가족과 함께 밥을 먹고 나서 성경책을 펴고 조용히 과제를 했다.

그러던 어느 늦은 밤이었다. 퉁퉁 부은 눈으로 아래층에 내려온 남편이 말했다.

"여보, 나 하나님을 만난 것 같아."

떨리는 목소리로 말하는 그의 모습에서 16년 전 처음 만났던 청년의 얼굴이 겹쳐 보였다. 그는 평소와 같이 과제를 하기 위해 성경을 읽고 있던 도중 어디선가 "성진아" 하며 부르는 소리를 들었다고 했다. 다음은 남편이 전한 말이다.

허공에서 들려온 목소리에 온몸이 얼어붙었다. 방 안에는 아무도 없었다. 하지만 그 목소리는 다시 한 번 또렷하게 들려왔다. 식은땀이 등을 타고 흐르면서 묵직한 공기가 어깨를 짓눌렀다. 그리고 다시 나지막한 음성이 이어졌다.

"나는 언제나 너와 함께 있었다."

순간 눈앞에 인생의 파노라마가 펼쳐졌다.

칠흑 같은 어두운 밤, 골목길을 달려 두부를 사러 가던 어린 시절, 마당 귀퉁이에 피어있던 보랏빛 팬지꽃, 그리고 누구에게도 고백하지 못했던 부끄러운 순간들까지 지난날의 기억이 떠올랐다.

세상에서 가장 강하다고 자부하던 내가 누구 앞에서도 무릎 꿇지 않던 내가 하나님 앞에 엎드려 흐느끼며 용서를 빌었다.

"잘못했습니다."

그의 얘기를 듣고, 나는 폭발하는 감정을 애써 누르며 담담하게 대답했다.

"그래? 그럼 빨리 적어. 안 그러면 금방 잊어버릴 거야."

남편이 다시 올라간 후, 나는 빨래를 개다 말고 조용히 눈을 감고 하나님께 감사기도를 드렸다.

"하나님, 감사합니다."

16년 동안 매일 드린 기도가 마침내 응답받은 순간이었다.

돌이켜 보면, 우리의 결혼 생활은 종교 문제로 처음부터 순탄치 않았다. 결혼식장을 정할 때부터 성당과 교회 사이에서 갈등했고, 주례를 정하는데 목사님과 신부님 사이에서 양가의 첨예한 대립각을 세웠다. 신혼 초 주일 아침마다 예배당을 두고 다투던 기억이 떠올랐다. 때로는 아침에 교회, 저녁에 성당을 가기도 했다.

그런 남편이, 세상에서 제일 잘난 남자가 지금 하나님 앞에 엎드려서 자신이 죄인이라며 고백하고 눈물을 흘리다니 하나님께서 내 기도에 응답하셨다. 내 기도가 이루어진 순간이었다.

우리의 기도는 하나님의 방법으로 하나님의 때에 이루어진다. 나의 때가 아닌 하나님의 때이다. 남편 입에서 자기가 그렇게 죄인인 줄 몰랐다고 스스로 고백하다니 하나님은 살아 계시고, 우리의 기도를 들으시고, 우리의 신음에 응답하시는 분이 맞다. 다만 그 응답의 기간이 1년이 될 수도 있고, 10년이 될 수도 있고, 사람마다 다르다. 나의 경우는 16년 만에 기도가 이루어졌다.

부부가 한마음으로 예배드리는 것이 가장 이상적인 가정의 모습이다. 하지만 믿지 않는 배우자가 하나님의 자녀가 되는 것 또한 하나님이 살아 계셔서 일하시는 모습이다. 그것을 볼 수 있어 감동은 배가 된다. 믿음은 인내의 시간이 필요하다.

세상에서 나를 가장 잘 아는 분은 하나님이시다. 빛은 언제나 그 자리에 있지만, 어둠 속에서 더욱 또렷하게 드러나듯이, 하나님의 은혜도 늘 내 삶에 함께하지만 고난 가운데 있을 때 그 은혜를 더 깊이 깨닫고 감사할 수 있는 것이다. 나의 부족함까지도 아시는 하나님께서는 가장 완벽한 타이밍에 남편에게 임하셨고, 나에게도 가장 큰 감동을 주셨다. 하나님께서는 1년도 아니고, 10년도 아닌, 무려 16년을 기다리시다가 가장 완벽한 순간을 준비하셨다.

하나님은 우리 인생의 훌륭한 작가이자 연출가이시다. 때로는 침묵하시고, 때로는 우리를 기다리게 하시지만, 그 모든 순간 역시 하나님의 완전한 계획 안에 있다. 하나님께서는 감히 사람이 흉내 낼 수 없는 완전한 타이밍과 이야기로 우리 삶을 빚어가신다.

"항상 기뻐하라. 쉬지 말고 기도하라. 범사에 감사하

라"는 말씀처럼, 하나님의 은혜는 늘 존재하기에 기뻐하지 않을 이유가 없고, 그 은혜를 깨닫기 위해 우리는 끊임없이 기도하는 것이다. 그리고 그 은혜를 깊이 느낄 때, 우리는 모든 일에 감사할 수 있게 된다.

그러니 혹시 고난 중에 있다면 우선 성경을 펼쳐보아라. 나머지는 하나님이 하실 것이다.

그날 밤, 우리 가정은 믿음의 첫 발자국을 떼었다. 미국의 적막한 밤하늘 아래에서 하나님은 우리 가정을 위해 새로운 역사를 준비하고 계셨다.

2장

온 가족이 성경을 읽다

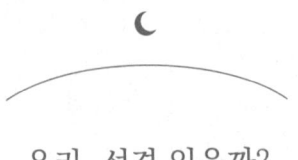

우리, 성경 읽을까?

그날 밤, 남편의 입에서 나온 말 한마디가 우리 가정을 뒤흔들어 놓았다.

"우리 성경을 함께 읽어 보자."

나는 순간 귀를 의심했다. 마지못해 '생수의 강' 프로그램에 참석했던 그가 먼저 성경을 읽자고 제안했다. 방금 전까지 설거지를 하던 내 손이 그대로 멈췄다.

"웬 성경…?"

내 목소리에는 의심이 가득했다.

남편은 내 눈을 똑바로 바라보며 되물었다.

"자기는 성경을 끝까지 읽어 본 적 있어?"

그 물음에 나는 순간적으로 할 말을 잃었다. 어릴 적부터 수십 년을 교회에 다녔지만, 설교 시간에 듣는 성경 구절들이 전부였다는 사실이 갑자기 부끄러워졌다. 교회는 다녔지만 정작 하나님의 말씀은 제대로 알지 못했던 것이다.

남편은 말을 이었다.

"사람들 만나서 떠들고 먹고 마시는 게 무슨 의미가 있겠어? 진짜 중요한 건 우리 영혼을 채우는 일이야."

내가 알던 남편이 맞나 싶었다. 평소 '종교는 적당히'라고 하던 사람이 먼저 성경을 읽자고 제안하다니….

'생수의 강' 프로그램에 참여하면서 남편은 서서히 변화하기 시작했다. 처음에는 나의 권유로 마지못해 다니기 시작해서인지 평일 저녁 시간, 낯선 사람들과 교회에서 보내는 것을 불편해하고 어색하게만 여겼다. 매주 주어지는 성경 숙제도 형식적으로 해냈다.

그러던 남편이 12주간의 과정을 따라가면서 성경을 읽고 숙제하던 어느 날 밤, 남편은 단순한 성경 공부 이상의 무언가를 체험하게 되었다. 남편의 이야기다.

익숙한 성경 구절들을 되뇌며 숙제하던 중, 갑자기 마음속에 설명할 수 없는 감동이 밀려왔다. 가슴속 깊은 곳에서부터 눈물이 솟아오르기 시작했고, 멈추려 해도 멈출 수 없었다. 그 순간 하나님께서 살아 계시다는 것을 그 어느 때보다 분명히 느꼈다. 성령님이 내 마음을 깊이 두드리고 계셨고, 하나님의 임재가 방 안을 가득 채우고 있는 듯했다.

그날 이후로 남편은 단순히 교회만 출석하는 성도가 아니라 진심으로 하나님이 어떤 분인지 궁금해했다. 하나님께서 누구신지, 그분이 이 세상을 어떻게 창조하셨는지, 그분이 나와 어떤 관계를 맺고 계신지를 알고 싶어했다. 나는 성경이 그 답을 줄 수 있을 거라는 강한 확신이 들었다.

그때 나에게 성경을 읽자고 했던 남편이, 한 걸음 더 나아가 말했다.

"우리 아이들이랑 같이 읽자."

"엥? 애들까지?"

나는 믿기지 않는 듯 되물었다.

"당연하지. 성경은 같이 읽어야 끝까지 읽을 수 있어.

아이들에게도 하나님 말씀을 알려 줘야지."

나는 여전히 의구심이 들었지만 그의 눈빛은 단호했다.

"아빠가 읽자고 하면 함께 읽어야지."

순간 나도 모르게 '아멘'이 터져 나왔다. 평생 기도 제목이었던 남편의 입에서 이렇게 성경을 읽자고 나서다니, 그것도 온 가족이 함께 성경을 읽는다는 것은 상상조차 못한 일이었다. 정말 '놀랠루야'라고 밖에 표현할 수 없는 순간이었다.

남편을 위해 기도했더니 하나님께서 응답하셨다. 이제 그가 영적 리더십을 발휘하며, 가정의 제사장으로서의 역할을 수행하는 모습을 볼 수 있다는 것이 감격 그 자체였다. 마치 오랜 기다림 끝에 마른 땅에 내리는 단비와도 같았다.

그날 이후로 우리 가정의 저녁 풍경이 바뀌었다. 저녁을 먹고 나면 거실에 모여 앉아 성경을 펼쳤다. 마태복음부터 한 장씩 읽어 나갔다. 처음에는 어색했다. 아이들은 투덜거렸고, 나 또한 남편의 갑작스러운 변화가 얼마나 지속될지 반신반의했다. 하지만 하나님의 말씀은 우리를 서서히 변화시켰다.

성경 속 인물들은 더 이상 먼 옛날 이야기 속 주인공이 아니었다. 그들도 우리처럼 불안과 갈등을 겪었고 하나님을 의심했으며, 때로는 실수를 범했지만, 그 모든 과정에서 하나님은 그들과 함께하셨다. 마치 우리 가정과 함께하시듯이 말이다.

물론 성경 읽는 것은 말처럼 쉽지 않았다. 다음 날부터 바로 시련이 찾아왔다. 바쁜 일상 속에서 시간을 내는 것, 피곤한 아이들의 집중력을 유지하는 것, 이해하기 어려운 구절들을 설명하는 것 모두 쉬운 일이 아니었다. 하지만 남편의 "우리 성경을 함께 읽어 보자"라는 한 마디가 열어 준 새로운 세계, 그것은 하나님이 우리 가족에게 준 가장 큰 선물이었다.

그 한 마디가 우리 가정을 변화시켰다.

매일 밤 10시 30분,
완벽하지 않은 우리 가족의 특별한 신앙일기

온 가족이 함께 저녁을 먹은 후, 남편은 평소와는 다르게 심오한 표정으로 아이들을 바라보았다. 그리고 조심스럽게 입을 열었다.

"얘들아…."

잠시 머뭇거리던 남편은 어렵사리 말을 이어갔다.

"아빠는 지금껏 살면서 성경을 처음부터 끝까지 한 번도 읽은 적이 없어. 이제는 꼭 읽고 싶은데, 혼자서는 자꾸 중간에서 포기하게 되더라. 너희들이 아빠의 성경 통독 동반자가 되어 주면 좋겠어."

아이들의 눈빛이 흔들렸다. 예상치 못한 제안에 어떻

게 반응해야 할지 몰라 망설이는 듯했다.

"매일 저녁 10시 30분, 이 자리에 모여서 함께 성경을 읽자. 하루에 두세 장씩 매일 읽는 거야. 하지만 한 번 약속하면 예외는 없어."

미국으로 이주한 후, 아이들의 일상은 단조로웠다. 한국처럼 바쁜 학원 일정도 없고, 마음대로 혼자서 찾아갈 수 있는 동네 친구도 없었다. 시간은 넉넉했지만, 그만큼 허전함도 컸다. 그렇다고 성경 읽기가 신나고 재미있는 일도 아니었다. 재미없고 지루하고 따분한 일이었다. 그런데 아빠가 함께 읽자고 도와달라고 했으니 아이들은 마지못해 고개를 끄덕였다.

2014년 6월, 우리 가족의 '거룩한 약속'이 시작되었다. 그러나 하나님 말씀을 가까이하고 싶은 순수한 시도는 우리 가족에게 예상치 못한 시련을 안겨주었다. 매일 밤 10시 30분, 성경을 펼칠 때마다 터져 나오는 남매의 다툼뿐만 아니라 부부 싸움과 가족 싸움은 마치 돌림 노래하듯이 하루도 빠지지 않고 매일 발생했다. 그것이 영적 전쟁이라는 것을 나중에야 알았다. 악한 영은 우리 가족이 말씀 앞에 함께 모이는 것을 가장 두려워했던 것이다.

사실 우리 가족은 이미 일주일에 한 번, 주일 아침마다 정기적인 '전쟁'을 치르고 있었다.

"얘들아, 일어나! 교회 가야지!"

주일 아침마다 나는 다급하게 소리 지른다. 하지만 나의 다급한 외침에도 이불 속에서 주말의 여유를 즐기고 싶은 아이들은 꿈쩍도 하지 않았다. 9시 출발이 목표였지만, 항상 9시 15분이 되어서야 겨우 차에 올랐다.

교회 가는 길의 기찻길 건널목에서 백 칸이 넘는 화물 열차를 만날 때면, 차 안은 한숨과 잔소리로 가득했다.

"너희들이 조금만 부지런했어도…." 하는 남편의 말에 아이들은 무심히 창밖만 바라보았다.

두 살 터울의 남매는 한국에서도 사이가 좋지 않았다. 말싸움이 시작되면 오빠의 주먹이 먼저 날아갔고, 동생은 더욱 거세게 맞섰다. 넓은 미국 집도 그들에겐 좁기만 했다. 다른 층에 각자 있으라 해도 늘 부딪혔다.

"오빠, 내 연필 가져갔지?"

"무슨 소리야? 내가 왜?"

"어제도 내 공책 허락도 없이 가져갔잖아!"

매일 밤 식탁은 전쟁터가 되었다. 평화를 약속하는 성

경 구절과는 달리, 우리의 현실은 정반대였다. 싸움이 끝나고 각자의 방으로 돌아가는 아이들을 바라보며 남편은 한숨을 쉬었다. 하지만 우리는 멈추지 않았다. 어쩌면 이것이야말로 진정한 신앙의 시작일지도 모른다는 생각 때문이었다.

완벽한 가정도, 완벽한 신앙 생활도 없다. 중요한 것은 우리가 불완전함 속에서도 포기하지 않고 매일 밤 10시 30분, 그 자리에 함께 있다는 것이다. 완벽하지 않은 우리 가족이, 서툴지만 끊임없이 도전하는 이 여정을 하나님께서도 기뻐하실 것이다.

매일 밤 10시 30분, 우리는 다시 식탁에 모였다. 때론 가족의 평화를 위해 포기하고 싶을 때도 있다. 하지만 이제는 안다. 하나님께서는 우리의 아름다운 모습만을 원하시는 게 아니라, 있는 그대로의 모습으로 나오길 기다리신다는 것을. 우리의 다툼과 눈물, 그리고 화해까지도 모두 그분의 계획 안에 있었다.

완벽한 가족의 성경 읽기가 아닌, 불완전한 가족이 함께 말씀 앞에 모이는 것, 그것이야말로 하나님이 가장 기뻐하시는 예배였음을 이제야 깨닫는다.

가족 싸움,
불완전한 우리가 만나는 특별한 순간들

매일 밤 10시 30분, 우리 가족의 식탁은 전쟁터가 되었다. 성경책이 놓인 자리에서, 사랑과 평화가 넘칠 것 같은 시간에, 우리 가족은 서로에게 더 날카로워졌다.

임원으로 오랜 시간 일하며 지시하고 명령하는 데 익숙해진 남편은 집에서도 식사만 끝내면 혼자 책상에 앉아 성경을 읽을 준비를 하고 있었다. 하지만 나는 여전히 밀린 집안일에, 다음 날 도시락을 준비하느라 바쁘고, 아이들은 숙제를 마무리하느라 분주했다.

"10시 30분이야."

처음엔 담담한 남편의 목소리였다.

"성경 읽자!"

조금 더 커진 목소리이다

"야!"

결국 폭발하는 고함이 들렸다.

가슴이 철렁 내려앉았다. 집안에 큰 소리가 울리면 온 식구가 긴장했다. 제일 늦게 오는 사람이 그날의 '타깃'이 되어 아빠의 잔소리를 들어야 했다. 때론 아들이, 때론 딸이, 때론 내가 그 자리에 있었다. 남편은 시간 약속을 지키지 않았다고 불같이 화를 냈다. 성경을 펴기도 전에 우리의 마음은 아빠의 잔소리로 이미 엉망이 되었다.

'왜 이 시간만 되면 큰 소리가 나지?'

'왜 못 싸워서 안달 난 사람처럼 서로를 아프게 하지?'

'이런 마음으로 성경을 읽을 필요가 있을까?'

전에는 교회 가는 차 안에서 일주일에 한 번만 싸웠는데, 이제는 성경을 읽기도 전에 매일 잔소리하며 큰 소리가 나는 것이 일상이 되었다. 식구끼리 화목하게 지내려고 읽는 성경인데, 아이러니하게도 오히려 서로의 관계는 더 악화되는 듯했다.

특히 사춘기에 접어든 아이들에게는 더욱 힘든 시간이

었다. 두 살 터울의 남매는 눈만 마주쳐도 불꽃이 튀었다.

"뭘 봐?"

서로를 보는 것조차 허용하지 않고 둘 사이에는 보이지 않는 팽팽한 긴장감이 감돌았다. 혼자만의 시간을 원하는 사춘기 아이들을 매일 밤 같은 시간에 한자리에 모으는 일은 불가능한 도전 같았다. 성경을 읽으려고 온 가족이 우여곡절 끝에 한자리에 모였는데 이번에는 '시작기도' 가지고 싸웠다. 아무도 기도를 하지 않아 큰애에게 시키면 너무나 성의 없이 하는 기도에 조금더 길게 해 보라고 하면 "왜 기도를 시켜요? 기도는 하고 싶은 대로 하는 거 아니에요?"라며 이미 성경을 펼치기도 전에 아들의 마음은 상해 있었다.

그러던 어느 날 밤, 또다시 시작된 말다툼 속에서 둘째가 눈물을 글썽이며 말했다.

"왜 우리는 성경 읽으려고 모이기만 하면 맨날 싸우는 거야? 아빠는 성경을 왜 읽어?"

그 순간 우리 모두 침묵했다. 아이의 순수한 질문이 우리의 마음을 관통했다. 남편과 나는 서로를 바라보았고, 우리는 성경을 읽는 대신에 서로의 마음을 나누는 시간을 가졌다. 남편은 학교에서 겪는 어려움을, 아이들은 학교에서 선생님과 친구들과의 고민을, 나는 나대로 이민 와서 겪는 외로움을 토해놓았다.

이제 와 생각해 보니, 이 불편한 시간이 없었다면 우리는 서로에 대해 진정으로 알지 못했을 것이다. 아무리 가족이라도 말하지 않으면 서로의 생각을, 좋아하는 것을, 두려워하는 것을 알 수 없었다. 가족 성경 시간은 역설적으로 하나님을 알기 전에 서로를 알아가는 시간이었다.

어느 순간 이 싸움이 영적 전쟁이라는 것을 깨달았다. 사탄은 가족이 함께 말씀을 읽는 것을 원치 않았다. 우리의 관계가 깊어질수록 성경 말씀도 더 깊이 이해되었기 때문에 사탄은 말씀 읽는 우리들을 방해했다.

이제 우리 가족의 성경 읽기 시간은 달라졌다. 정해진 시간에 억지로 모이기보다 서로 준비되었을 때 자연스럽게 모였다. 성경을 읽기 전에 먼저 하루 동안 있었던 일을 이야기하고 기도 제목을 나누었다.

매일 밤 성경 읽기는 우리 가족을 변화시켰다. 처음에는 의무감으로 시작했지만, 이제는 서로의 마음을 나누면서 하나님의 말씀으로 위로받는 소중한 시간이 되었다.

때로는 눈물로, 때로는 웃음으로 채워지는 이 시간이 우리 가족의 가장 아름다운 순간이 되었다.

　무엇이든 처음에는 낯설고 서툴다. 아이가 첫걸음을 떼려면 수없이 엉덩방아를 찧듯이, 우리의 시작도 그러했다. 우리 가족의 매일 밤 성경 읽기는 영적 전쟁의 현장이었지만, 동시에 하나님의 은혜가 흘러넘치는 축복의 시간이 되었다.

　처음부터 완벽한 가정은 없다. 중요한 건 포기하지 않고 이 자리를 지키는 것이며, 그럴 때 하나님은 우리의 불완전함까지도 사용하신다는 걸 성경을 읽으며 깨달았다.

외부의 방해에도 굳건한 성경 읽기

"요즘도 계속 성경을 읽으세요?"

이런 질문을 받을 때마다 나는 살짝 미소 짓는다. 성경을 매일 읽기로 약속한 지 벌써 1년. 하지만 그 시작은 결코 순탄치 않았다. 두 달 동안은 매일 밤 치열한 '가족 전쟁'이 벌어졌다. 가족끼리의 다툼은 그래도 우리만의 '내전'이라 봉합할 수 있었지만, 이제는 외부의 방해까지 더해졌다.

한국에서 온 친구가 갑작스럽게 연락이 왔다

"내일 미국 떠나는데 오늘 꼭 볼 수 있겠어?."

그렇게 늦은 시간에 갑작스럽게 연락이 오면 남편은

저녁에 나갔다가 성경 읽는 시간에 맞춰서 허겁지겁 집에 들어왔다.

하루는 집에 수도관이 터져서 집수리할 때였다. 남편이 옆에서 보조로 핸디맨을 도와주고 잔심부름하는데 밤늦도록 일이 쉽사리 끝나지 않았다. 성경 읽는 시간이 다가오자 남편은 수도관을 고치던 핸디맨에게 정중히 말했다.

"30분만 양해해 주시겠습니까? 가족과 꼭 해야 할 일이 있어서요."

일하다가도 잠시 멈추고 가족과 함께 성경을 읽고 다시 지하에 내려가서 핸디맨을 도왔다.

때로는 집에 찾아온 손님들에게도 선택권을 드렸다. 동역 모임을 하거나 집에 손님을 초대했을 때도 이야기하다 보면 모임이 길어진다. 10시 반이 지나도 모임이 끝나지 않으면 집에 있는 손님들에게 양해를 구한다.

"저희가 잠시 성경을 읽을 건데, 함께하시겠어요?"

신기하게도 대부분은 진기한 풍경에 흔쾌히 동참했다. 모두가 식탁에 둘러앉아 한 구절씩 읽어간다. 처음에는 어색했지만, 성령님의 은혜로 곧 평안이 찾아왔다. 자기 차례가 되면 한 구절씩 읽고 돌아가면서 가장 인상 깊었던 구절이나 은혜 받았던 구절이 있으면 서로 나눈다. 나눔을 할 때 생각지도 못한 기도 응답과 위로를 받는 경우도 있다. 특히 동역원들과 함께 읽던 날의 마태복음 6장 25절의 말씀은 지금도 생생하다.

"목숨을 위하여 무엇을 먹을까 무엇을 마실까 몸을 위하여 무엇을 입을까 염려하지 말라 목숨이 음식보다 중하지 아니하며 몸이 의복보다 중하지 아니하냐"

이 말씀은 사업 때문에 고민하던 C 집사님의 마음을 위로했다. 고객들이 대금을 빨리 안 갚아 스트레스를 받았는데 이 말씀으로 당장 자기가 무엇을 해야 하는지 알았다고 한다. 사업체를 위해 돈 걱정을 하는 것이 아니라 하나님께 먼저 기도하는 것이 중요하다고 했다.

하루는 J 교수님을 집으로 초대해 저녁식사를 대접했다. 교수님은 아내가 갑상샘암에 걸려 수술하러 한국에 가서 혼자 있었다. 저녁을 먹고 이야기하다가 성경 읽을 시간이 다 되어 남편이 교수님께 물어보았다.

"저희 가족과 함께 성경을 읽고 집에 가실래요? "

"네. 집에 가도 혼자이니 같이 읽고 싶습니다."

J 교수님과 함께 성경을 읽는 데 마침 한국에서 전화

가 왔다. 아내가 수술 방에 들어갔다고 했다. 한국에서 갑상샘암 수술이 진행 중일 때, 우리는 마태복음 18장을 펼쳤던 것이다.

"두세 사람이 내 이름으로 모인 곳에는 나도 그들 중에 있느니라"

온 가족이 합심으로 기도했고, 기도가 끝나자마자 수술 성공 소식이 전해졌다.

손님들이 집에 와서 성경 말씀을 통해 받은 은혜와 위로와 감동은 우리 가족에게도 큰 영적 자극이 되었다. 성경 읽기에 참여한 이들도 집에 가면 계속해서 가족들과 함께 성경을 읽겠다고 다짐하며 돌아갔다.

매일 저녁 우리 가족은 식탁에 모였다. 식탁 한가운데는 코코가 누워 있고 온 식구가 둘러앉아 성경을 읽었다. 성경 읽기는 가족들을 더욱 끈끈하고 친밀하게 만들고 서로의 생각을 나누며 상대방에 대해 더욱 깊이 있게 알아가는 시간이었다.

남편이 요한복음 15장을 읽고 마무리하며 오늘 하루 어떻게 지냈냐고 물어본다.

아들은 "'너희가 내 안에 거하고 내 말이 너희 안에 거

하면 무엇이든지 원하는 대로 구하라 그리하면 이루리라'
는 구절은 우리가 하나님과 가까워질수록 우리가 원하는
것들도 더 잘 이루어질 것 같아요." 하고 대답했다.

세현이는 "'내가 너희를 사랑한 것 같이 너희도 서로
사랑하라'는 말씀이 들어왔다"고 하면서 "이 말씀으로 우
리 가족이 더 서로를 이해하고 싸우지 않고 지내면 좋겠
다"고 했다. 그러자 "세현이 말이 맞네. 우리 가족 모두가
예수님 사랑에 안에서 더 깊이 알아가고 서로를 이해하며
지내면 좋겠어"라고 말하며 돌아가면서 기도했다.

때로는 손님들과 함께, 때로는 가족끼리만 모인 성경
읽기는 우리 가족에게 무엇보다 의미 있고 누구도 침범할
수 없는 평화롭고 성스러운 시간이었다.

성경 읽기는 단순한 가족의 일상을 넘어 다른 이들에
게도 신앙의 소중함과 말씀 읽는 기쁨을 전하는 시간이
되었다. 우리 가족의 성경 읽기를 보고 다른 가정도 동참
하겠다는 것을 보면 우리가 선교사가 되어 복음을 전파하
는 것 같아서 뿌듯했다.

"두세 사람이 모인 곳에 내가 너희와 함께하겠다"는
예수님의 말씀처럼 가족이 모인 자리에 성령님이 함께하

셔서 성경 읽는 시간이 가족의 사랑과 가정의 소중함을 깊이 깨닫는 시간이 되었다. 처음에는 단순한 규칙으로 시작했던 이 시간이, 이제는 우리 삶의 중심이 된 것이다.

매일 밤 10시 30분, 우리는 깨달았다. 우리 가정의 작은 실천이 이웃에게 전해지고, 그들의 가정을 통해 또 다른 가정으로 퍼져나가는 것을 보며, 하나님의 은혜는 이렇게 흘러간다는 것을 배웠다. 지금도 어디선가 한 가정이 성경을 펼치고 있을 것이다. 그들의 식탁에도 하나님의 따뜻한 손길이 함께하시기를.

가족이 함께 성경을 읽으면
화목한 가정이 된다

말씀이 시험을 이기게 하다

시험공부가 한창이던 어느 날 밤, 아이들 책상 위에는 아직 풀지 못한 문제들이 가득 쌓여 있었다. 시계는 밤 10시 30분을 가리키고 있었다. 한국에 있었다면 그 시간은 당연히 책상 앞에 앉아 공부에 몰두했을 시간이었지만 지금 우리 가족은 성경을 펼쳐야 할 시간이었다.

성경을 매일 읽기로 결단했을 때, 가장 크게 걱정했던 순간이 바로 아이들 시험 기간이었다. 한국에서 지낼 때는 시험이 가까워지면 모든 일상을 멈추고 공부에 올인했다. 주일예배에 빠지고 학원 보강 수업을 가는 것이 더 중요한 일이었다. 시험 성적이, 곧 아이들의 미래라는 생각이 너무나 당연했던 시기였다.

미국에 와서도 그 분위기는 크게 다르지 않았다. 중간 고사, 기말고사, 예고 없이 주어지는 퀴즈, 거기에 SAT 같은 대학 수능시험까지. 시험 앞에서는 늘 시간이 부족했다. 속으로는 아이들만큼은 공부하게 그냥 두고, 우리 부부만 말씀을 읽자고 타협하고 싶었다.

하지만 우리는 하나님 앞에서 매일 말씀을 읽겠다고 서약한 사람들이었다. 결국 우리는 타협 대신, 작은 조정을 택했다. 평소에 세 장씩 읽던 성경을 시험 기간엔 한 장으로 줄이고, 대신 시험을 위한 기도를 더 깊이 드리기로 했다. 처음엔 이렇게 기도했다.

"하나님, 당장 시험이 코앞입니다. 시간이 매우 부족합니다. 모르는 문제는 찍어서라도 맞게 해 주세요."

어린아이 같은 기도였지만, 하나님께 드리는 간구에는 진심이 담겨 있었다. 그런데 놀라운 변화가 일어나기 시작했다. 매일 성경을 읽는 일이 습관이 되고, 일상의 중심으로 자리 잡으면서부터는 시험 기간이라고 해서 말씀 읽는 시간이 부담으로 다가오지 않았다. 오히려 아무리 중요한 시험이 있어도, 성경 읽는 시간은 우리 가족에게 꼭 필요한 쉼의 시간이 되었고, 그 속에서 우리는 마음의 평안을 얻었다.

기도의 내용도 점차 달라졌다. 대부분 우리의 소원을 들어달라고 떼쓰는 어린아이와 같은 기도가 성경을 읽으면서 이렇게 바뀌었다.

"하나님, 이 시험을 통해 하나님의 뜻이 이뤄지게 하시고, 제가 하나님의 영광을 드러내는 도구가 되게 해 주세요."

기도의 방식이 달라진 것이 아니라, 삶의 중심이 완전히 바뀐 것이었다. 성적을 위한 기도에서, 하나님의 뜻을 구하는 기도로의 전환, 그 중심에는 매일의 말씀 묵상이 있었다.

아이들의 믿음도 함께 자라기 시작했다. 말씀을 읽으며 마음이 단단해졌고, 시험은 더 이상 두려움이 아닌, 믿음으로 감당하는 시간이 되었다. 결과에 대한 불안보다, 하나님과 함께 걸어간다는 확신이 더 컸다. 시험을 앞두고도 변함없이 성경을 펴는 우리의 습관은, 어느새 하나님과 동행하는 가족의 정체성을 만들어 주고 있었다.

조엘 오스틴 목사가 말했다.

"삶에 시험이 끊이지 않지만, 하나님과의 관계를 우선할 때 우리는 비로소 참된 평안을 경험할 수 있습니다."

우리는 이 말을 삶으로 체험하고 있었다. 하나님과 함께할 때, 시험은 장애가 아니라 축복의 기회가 되었다. 우리의 목표는 단순히 세상에서 성공하고 잘사는 것이 아니라, 하나님의 뜻을 삶 속에서 이루고 그분의 영광을 드러내는 데 있었다.

돌이켜 보면, 매일 밤 말씀 앞에 앉겠다고 결단했던 그 선택이 우리 가족을 완전히 바꾸어 놓았다. 우리는 더 이상 시험 성적을 위해 사는 가족이 아니다. 매일 밤 하나님과의 약속을 기다리는 가족이 되었다. 때로는 불안하고 두려울 때도 있었지만, 하나님과 함께라면 어떤 시험도 이겨낼 수 있다는 확신이 우리 안에 자리 잡았다.

시험 기간에도 변함없이 성경을 읽으며 하나님과 더 깊이 가까워지고 하나님이 우리의 삶에 직접 개입하고 있다는 귀한 기적을 경험했다. 그 기적은 바로, 우리의 삶이 하나님을 향해 방향을 바꿨다는 사실 그 자체였다.

어디서든 예배의 공간이 되다

늦은 저녁, C 집사님 댁의 벽시계가 10시 30분을 가리키고 있었다. 거실에는 여전히 담소와 웃음으로 가득했다. 하지만 남편의 눈빛은 조용히 흔들렸다. 그 시간은 우리 가족이 매일 성경을 읽기로 한 시간인데 오늘은 다른 집에 초대를 받아 손님으로 와 있었기 때문이었다. 남편이 낮은 목소리로 내 귀에 대고 말했다.

"성경 읽을 시간이야. 지금 집에 간다고 일어나면 우리 때문에 분위기가 깨질 것 같은데, 어떻게 하지?"

남편의 속삭이는 목소리에 나는 살짝 미소를 지으며 대답했다.

"우리 가족만 조용히 2층에 올라가서 성경을 읽자."

나는 일어나서 맞은 편에 앉아있는 C 집사님께 다가가서 귓속말로 말했다.

"집사님, 저희가 매일 정해진 시간에 성경을 읽어야 하는데 혹시 잠깐 2층 방을 써도 괜찮을까요?"

집사님은 잠시 놀란 듯했지만, 이내 따뜻한 미소를 지으며 대답하셨다.

"물론이죠. 올라가자마자 오른쪽에 작은 방이 있어요. 편하게 사용하세요."

조용한 2층 방에는 부드러운 달빛이 스며들고 있었다. 우리 가족은 방 한가운데 둥그렇게 앉았다. 성경책을 가져오지 않아 각자의 휴대폰에 깔린 성경 앱을 열었다. 그날 읽을 말씀은 요한복음 3장이었다.

"하나님이 세상을 이처럼 사랑하사 독생자를 주셨으니…"

말씀은 조용히 울려 퍼졌고, 낯선 공간임에도 하나님의 임재는 분명하게 느껴졌다. 오히려 그곳에서의 성경 읽기는 더 깊은 감동을 안겨 주었다. 우리는 그날, 특별히 C 집사님 가정과 그 자리에 함께한 모든 이들을 위해 기

3장 가족이 함께 성경을 읽으면
화목한 가정이 된다

도했다. 세현이는 조심스럽게 입을 열었다.

"하나님, 이 가정과 이 자리에 오신 분들을 모두 축복해 주세요."

상재도 이어서 기도했다.

"이곳을 허락하신 집사님 가정에 은혜를 더하시고, 모인 분들이 하나님의 말씀대로 살아가도록 도와주세요."

기도를 마치고 다시 거실로 내려왔을 때, 전도사님이 조용히 말씀하셨다.

"정해진 시간에 말씀을 읽는 여러분의 모습이 참 인상적입니다. 성경 읽기와 기도는 무엇보다 소중한 시간이죠."

우리 가족의 이 작고 평범한 실천이 다른 이들에게도 신앙의 자극이 될 수 있다는 사실을 그때 깨달았다. 하나님께 드리는 예배는 특정한 장소에서만 하는 행위가 아니다. 우리가 발을 딛는 모든 곳이 예배의 자리가 될 수 있었다. 집으로 돌아오는 차 안에서 남편이 말했다.

"오늘 C 집사님 댁에서 미리 말씀을 읽고 기도하길 잘했어. 우리가 있는 그곳이 예배의 장소가 되고, 다른 이들을 위해 기도할 수 있다는 게 참 감사해."

그 말에 나도 깊이 공감했다. 매일의 성경 읽기는 우

리 가족의 삶을 완전히 바꾸어 놓았다. 예배는 더 이상 교회 건물 안에만 존재하지 않았다. 식당에서도, 친구 집에서도, 여행지에서도, 10시 30분이면 우리는 그 자리를 예배의 처소로 삼았다.

이제 우리는 성경 읽기가 단지 지혜를 쌓기 위한 행위가 아님을 깨달았다. 그 시간은 우리가 선 자리, 만나는 사람들, 머무는 공간이 '땅끝'이 되는 시간이다. 그곳에서 우리는 복음을 품고 기도하며, 하나님의 뜻을 선포한다. 하나님은 우리 가족을 통해 작은 복음의 불씨를 이곳저곳에 심고 계신 것이다.

어쩌면 이것이야말로 하나님이 우리 가족에게 맡기신 가장 특별한 사명인가 보다. 말씀이 우리의 삶을 이끌고, 우리가 있는 모든 곳이 하나님의 나라가 되어가는 여정이 아닐까. 그 속에서 우리는 오늘도, 작지만 귀한 예배를 드리고 있다.

하나님이 디자인하신 전도 이야기

교회의 가장 작은 단위인 동역 모임을 하는 어느 날, 우리 동역 예배에 특별한 손님이 찾아왔다. 한국에서 안식년을 맞아 교환 교수로 오신 S 교수님 가족이다. 그들은 아직 집과 차를 구하지 못한 채 호텔에서 임시로 머물고 있었다. 그 가족은 1년 후 한국으로 돌아갈 예정이라 몇 개의 이민 가방만 들고 미국에 도착했다. 남편은 그들의 상황과 이야기를 듣자마자 망설임 없이 말했다.

"호텔 방은 작고 불편할 테니, 지하가 괜찮으면 우리 집에 오셔서 지내세요."

처음 보는 사람에게 건네는 초대에 나도, S 교수님 가족도 순간 당황했다. 하지만 남편의 진심 어린 마음이 전해졌는지, 그들은 기꺼이 남편의 제안을 받아들여 우리 집에 머물게 되었다.

우리 집 지하는 완전한 지하가 아니었다. 한쪽 벽에는 창문이 있어 햇살이 따사롭게 들어왔고, 문을 열고 나가면 앞마당이 펼쳐졌다. 욕실과 침대 두 개가 있는 독립된 공간이라서 세 식구가 지내기에 충분했다. 그렇게 그들은 낯선 땅에서 몇 개의 가방만 들고 그곳에 자리를 잡았다.

매일 저녁, 우리는 거실에 모여 차와 와인을 마시며 담소를 나눴다. 그러다가 10시 30분이 되면 어김없이 "오늘은 여기까지 이야기해요. 우리 가족은 이제 성경을 읽어야 해요"라고 말했다. 그 말이 끝나자마자 S 교수님 가족은 조용히 지하로 내려갔다. 그러던 어느 날, S 교수님이 조심스레 물었다.

"혹시 방해가 안 된다면 우리 가족도 같이 성경을 읽어도 될까요?"

"교회를 한 번도 안 나가신 분들인데 괜찮겠어요?"

"성경이 궁금하거든요."

그렇게 시작된 함께 읽는 성경 읽기! 익숙하진 않은

3장 가족이 함께 성경을 읽으면
화목한 가정이 된다

단어들과 용어들이었지만, 그들의 눈빛은 반짝였다. 매일 밤 성경을 읽으며, 우리는 하나님께서 그들의 마음을 어떻게 어루만져 주시는지 지켜볼 수 있었다.

2주 후, 그들은 새집을 구해서 이사했고, 우리와의 인연은 계속되었다. 처음으로 교회에 나와 예배를 드리고 새신자로 등록했다. 1년 후 추수감사절에는 온 가족이 세례를 받고 교인들 앞에서 "처음 미국에 왔을 때, 모든 것이 낯설고 외로웠습니다. 하지만 교회 집사님들이 우리를 따뜻하게 맞아주었고, 성경을 읽으며 함께 보낸 시간이 우리에게 큰 위로와 힘이 되었습니다"라고 간증도 하였다.

그들이 한국으로 돌아간 후, 하나님은 그 가정에 더 큰 은혜를 부어 주셨다. 그토록 원하던 아이를, 그것도 쌍둥이 아들을 허락하신 것이다. 지금 그들은 한국에서 교회에 다니며 해외로 의료선교도 다니는 하나님의 자녀가 되었다.

모든 것은 하나님의 완벽한 타이밍으로 구원의 역사가 이루어졌다. 우리가 매일 밤 정해진 시간에 성경을 읽겠다고 한, 작고 단순한 습관이 한 가정을 하나님께로 인도하는 통로로 쓰일 줄은 생각지도 못했다.

하나님은 우리의 작은 순종을 사용하셔서 큰일을 이루신다. 매일 밤 10시 30분, 규칙적이고 꾸준한 말씀 읽기가 한 가족의 영혼을 구원하는 놀라운 기적으로 이어졌다. 하나님의 말씀은 결코 헛되이 돌아오지 않았다. 우리의 일상적인 순종이, 즉 매일의 성경 읽기가 누군가의 인생을 바꾸는 작은 기적의 씨앗이 될 수 있다는 것을 S 교수님 가정을 통해 깨달았다.

인간에게 자유의지를 허락하신 하나님은 문밖에서 우리를 조용히 기다리신다. 성경을 꾸준히 읽고 기도하는 시간은 단지 신앙 훈련이 아니다. 그 시간은 우리가 마음의 문을 열어 하나님이 일하실 수 있도록 초대하는 순간이다. 그리고 마침내 하나님이 들어오시면, 그분은 오직 그분만의 완전한 방식으로 우리 삶 속에서 일하신다.

성경은 부모 교육서다

"엄마, 세현이가 또 시작했어요!"

"오빠가 먼저 시비 걸었다니까요!"

매일 오후, 아이들이 학교에서 돌아오면 평화로운 우리 집은 전쟁터로 변한다. 학원 없는 미국에서 방과 후 남아도는 시간만큼 형제간의 싸움도 그만큼 늘어났다. 내 목소리는 어느새 소프라노 오페라 가수처럼 치솟았다. 나도 내 목소리가 이렇게까지 높이 올라갈 줄은 몰랐다.

'저렇게 아이들을 내버려 둘 순 없어.'

나는 작전을 세웠다. 싸움의 원인은 무료함과 심심함 때문이라 확신했다. 그래서 집안일을 공평하게 분배했다.

"밥 먹기 전에 식탁에 숟가락, 젓가락 놓고 물컵 갖다 놓기. 다 먹고 나면 식기세척기에 넣기, 세탁물은 세탁기 안에 넣고 신발 정리, 재활용 분리, 침대 정리하기, 이 정도는 너희들이 할 수 있지?"

반응은 그럴듯했다. 처음 며칠은 각자 맡은 일을 열심히 하는 듯했다. 그러나 기대는 곧 무너졌다.

"오늘은 숙제가 많아요."

"프로젝트 마감이라 시간이 없어요."

"엄마… 머리가 아파요."

그런데 더 황당한 건 따로 있었다. 자기 맡은 일은 안 하면서 서로의 일은 열심히 감시하는 것이다.

"엄마, 세현이 식탁 정리 안 했어요!"

"오빠는 숟가락도 안 놨어요!"

나는 속으로 소리를 지르지 않으려고 심호흡하며 카운트 다운을 시작했다. 일주일 동안 싸우지 않으면 20불씩 주겠다는 '파격 제안'도 내놓았지만 아이들이 용돈을 받은 적은 단 한 번도 없었다.

그러던 어느 날 저녁, 또 한 차례의 전투가 벌어졌다. 아이들은 문을 쾅 닫고 각자 방 안으로 들어갔다. 집안은 조용했지만 그 고요는 폭풍 전야처럼 묘하게 무거웠다. 10시 30분. 성경 읽는 시간이 되자 아이들은 슬금슬금 식탁으로 나왔다. 그날은 에베소서 6장을 읽을 차례였다.

"자녀들아, 너희 부모를 주 안에서 순종하라…"

아이들의 목소리는 작았다. 살짝 찔린 듯, 눈도 마주 치지 않았다. 그런데 곧이어 나온 구절에서 갑자기 목소리가 달라졌다.

"또 아비들아, 너희 자녀를 노엽게 하지 말고…"

그 순간, 아이들의 눈빛이 번쩍했다. 그리고 폭풍 같은 항의가 시작됐다.

"엄마 아빠도 우리한테 소리 지르지 마세요!"

"조용히 말해도 알아듣는데 왜 맨날 화부터 내세요?"

어처구니가 없었지만, 이상하게 그 말이 가슴을 때렸다. 하나님의 말씀은 아이들의 입술을 통해 나를 찔렀다. 성경은 거울 같았고 나는 그 거울 앞에서 참 많이 부끄러웠다.

그날 이후로 나는 '말씀은 우리 삶을 해석하는 하나님의 언어라는 것'을 알게 되었다. 매일 밤 펴는 성경이 그날 하루를 요약해 주는 것 같았다. 형제가 다투면, "서로 용납하고 사랑으로 용서하라"는 말씀이 나왔고, 내가 아이를 혼낸 날이면 어김없이 "자녀를 노엽게 하지 말라"는 구절이 등장했다. 절묘한 타이밍이었다. 그건 우연이 아니었다. 살아 계신 하나님의 음성이었다.

매일 밤 10시 30분, 우리는 말씀 앞에 섰다. 때론 웃고, 때론 울었다. 때론 찔렸고, 때론 위로받았다. 그 시간은 단순한 가족 의식이 아니라, 하나님과의 하루를 정리하는 거룩한 시간이었다. 완벽한 부모도, 완벽한 자녀도 없다. 그러나 매일 밤, 완전한 말씀 앞에서 우리는 조금씩 변화되었다. 말씀은 우리 가정을 비추는 등대였고, 살아 움직이는 생명의 나침반이었다.

> "하나님의 말씀은 살아있고 활력이 있어 좌우에 날 선 어떤 검보다도 예리하여 혼과 영과 및 관절과 골수를 찔러 쪼개기까지 하며 또 마음의 생각과 뜻을 판단하나니"
>
> _ 히브리서 4장 12절

이것이 우리가 경험한 진짜 기적이다. 육아의 전쟁 한가운데서도 길을 잃지 않고 똑바로 갈 수 있는 것, 그것은 지혜로운 말도 기발한 전략도 아닌 매일의 말씀 한 장이었다.

성경 읽기로 회복된 부부 관계

"아내들이여 자기 남편에게 복종하기를 주께 하듯 하라 이
는 남편이 아내의 머리 됨이 그리스도께서 교회의 머리 됨
과 같음이니 그가 친히 몸의 구주시니라"

_에베소서 5장 22~23절

　　같은 회사 입사 동기로 만난 우리 부부는 007작전을
방불케 하는 사내 비밀 연애를 했다. 사람이 많은 공간에
서도 눈빛 하나, 손짓 하나로 서로의 마음을 주고받았다.
그렇게 달콤한 연애는 1년 만에 결혼으로 이어졌고, 이듬
해 5월, 첫 아이가 태어났다.

하지만 우리 부부는 '싸움의 대가'였다. 아주 사소한 일로도 큰 싸움을 만드는 싸움의 기술자였다. 회사 출근길에 다투면 그 자리에서 차 문을 쾅 닫고 지하철로 출근했다. 가장 큰 갈등은 종교 문제였다. 남편은 신실한 가톨릭 집안에서, 나는 더 독실한 개신교 가정에서 자라 결혼식 장소를 두고 양가가 대립했다.

결국 우리는 중립 지대인 회사 근처 예식장에서 신부님의 주례로 결혼식을 올렸다. 신혼 초에는 아침엔 교회로, 저녁엔 성당으로 갔다. 일요일이 오히려 더 고된 날이었다. 맞벌이였지만 집안일은 늘 내 몫이었다. 남편에게 "청소 좀 해줘, 빨래 좀 널어줘"라는 부탁을 해야 겨우 도와주는 남편의 행동에 화가 치밀곤 했다.

친구처럼 지내던 신혼 초, 말투는 거칠어졌고 욕설까지 오가며 싸움은 더 커져갔다. 종교로 싸우던 신혼 초와 달리 아이가 태어난 후에는 육아로 싸우기 시작했다. 주말엔 골프, 평일엔 출장, 아이가 아빠 얼굴을 기억할 수 있을까 걱정될 만큼 홀로 독박육아로 아이를 키웠다. 그렇게 치열하게 싸우면서 서로의 성격과 성향을 알아가고 조율하며 세월이 흘렀다.

아브람이 고향과 본토 친척, 아버지의 집을 떠나 믿음으로 다시 시작했듯이, 우리 가족도 미국 이민을 결정했다. 그리고 믿음으로 거듭나서 하나님 앞에서 말씀대로 살아보자며 매일 밤 10시 30분, 성경을 함께 읽기로 약속했다. 하지만 성경 읽기조차 쉽지 않았다. 오히려 아이들 앞에서 신혼 때처럼 싸우는 모습을 보여 주었다..

"10시 반인데 왜 아무도 안 와? 벌써 약속한 시간이 지났잖아."

"자기는 왜 앉아서 소리만 질러? 애들이 무서워하잖아. 놀다가 늦은 거 아니야. 우리도 각자 할 일이 있었어."

이야기는 끝없이 이어졌고, 결국 우리 부부는 언성을 높이며 서로에게 상처 주는 말을 시작했다. 그 순간, 성경을 읽는다는 것이 싫어졌다. 남편의 얼굴도 보기 싫었고, 그의 목소리조차 듣고 싶지 않았다. 그래도 아이들이 보고 있기에, 울며 겨자 먹기로 식탁에 앉아 억지로 성경을 폈다.

어떤 날은 마음을 다스리며 읽었고, 어떤 날은 분노를 참지 못해 침대에 올라가 이불을 뒤집어 쓰고 억지로 잠을 청한 적도 있었다. 그런데 부부 싸움을 한 날이면, 우리는 이 같은 말씀을 읽었다.

"아내들이여 자기 남편에게 복종하기를 주께 하듯 하라. 이는 남편이 아내의 머리 됨이 그리스도께서 교회의 머리 됨과 같음이니 그가 친히 몸의 구주시니라"

_에베소서 5장 22-23절

그 말씀을 읽는 순간, 마음속에서 이렇게 외쳤다.

'차라리 죽는 게 낫지, 남편에게 복종이라니!'

성경 지식도 내가 더 많이 알았고 교회 생활도 내가 더 오래 했는데 왜 남편에게 순종해야 되나 도무지 이해가 되지 않았다. 하지만 계속 말씀을 읽어나가자, 하나님께서 나를 바꾸기 시작하셨다. 복종이라는 단어가 더 이상 '주종 관계'로 느껴지지 않았다. 성경은 '남편을 주님 대하듯' 하라고 했고, 남편은 '아내를 교회를 사랑하듯' 사랑하라고 했다. 이것은 명령이 아니라, 서로를 위한 거룩한 약속이었다.

그날 밤, 남편이 먼저 입을 열었다.

"자기야, 아까 내가 소리 질러서 미안해. 잘못했어. 내가 아직 많이 부족하니까, 마음 넓은 자기가 용서해 줘."

화도 불같이 내지만 또한 잘못을 금방 인정하고 순순히 화해를 요구하는 남편을 보고 내 마음은 또 봄눈 녹듯이 스르르 풀리면서 하나님께서 주신 말씀을 이해할 수 있었다. 하나님께서 세우신 가정의 질서 안에서 남편이 영적 제사장으로서의 역할을 감당하기 시작하자 우리 집에 평화가 찾아왔다. 나 역시 성경에 나온 것처럼 순종하는 자세로 남편을 존중했으며, 남편은 우리 가족을 사랑과 말씀으로 인도했다.

신학교도 나오지 않은 남편이 구약과 신약을 넘나들며 나와 아이들에게 성경을 풀어 주는 모습을 보며 감동이 밀려왔다. 그는 더 이상 내 남편이 아니라, 하나님이 세우신 영적 리더였다. 이 모든 것이 거저 주어진 것은 아니었다. 가족이 함께 성경을 읽기로 했다고 저절로 되는 일은 하나도 없었다. 사탄은 교묘하게 돌아가며 우리 마음을 건드렸다. 그러나 그 모든 방해를 넘어, 우리는 성경 읽기의 항해를 멈추지 않았다.

말씀은 우리를 찌르기도 하지만, 그보다 먼저 우리를 치유한다. 말씀은 부부 사이를 갈라놓는 게 아니라 다시 이어 준다. 매일 밤 10시 30분이면, 우리는 말씀이 기다리는 그 자리로 향한다. 마음이 정돈되지 않아도, 피곤해도, 어색해도 그 시간만큼은 하나님 앞에 선다.

성경은 단지 읽는 책이 아니었다. 그 안에는 가정을 회복시키는 능력이 있었다. 말씀은 우리 부부가 서로를 붙드는 힘이 되었고, 넘어질 때마다 함께 일으켜 주는 은혜의 끈이 되었다.

"두 사람이 한 사람보다 나음은 그들이 수고함으로 좋은 상을 얻을 것임이라…"

_전도서 4장 9-10절

3장 가족이 함께 성경을 읽으면
화목한 가정이 된다

성경 읽기,
가정의 전통이 되다

"너는 마음을 다하고 성품을 다하고 힘을 다하여 네 하나님 여호와를 사랑하라. 오늘날 내가 네게 명하는 이 말씀을 너는 마음에 새기고 네 자녀에게 부지런히 가르치며 집에 앉았을 때에든지 길에 행할 때에든지 누웠을 때에든지 일어날 때에든지 이 말씀을 강론할 것이며 너는 또 그것을 네 손목에 매어 기호를 삼으며 네 미간에 붙여 표를 삼고 또 네 집 문설주와 바깥 문에 기록할찌니라"

_신명기 6장 5~9절

아이들이 어릴 때 대만에서 보낸 5년은 하나님께서

우리 가정에 허락하신 특별한 시간이었다. 한국의 숨 가쁜 일상과 달리 아이들과 마주 앉아 책을 읽고, 한글을 가르치며 보낸 그때가 아이들을 위한 보석 같은 시기였다. 매일 밤 동화책을 읽어 주던 그 시간, 아이의 숨결이 내 귓가에 닿을 만큼 가까이에서 이야기를 나누던 그 순간들이 우리 모두를 키워냈다.

그러나 한국으로 돌아온 후, 나 역시 다른 부모들처럼 아이들의 교육을 타인의 손에 맡기기 시작했다. 입소문난 학원을 찾아 헤맸고, 유명한 과외선생님을 수소문하며 하루하루를 보냈다. 신앙은 주일예배만으로 충분하다고 여겼고, 평일의 꽉 찬 학원 스케줄에 가정예배는 꿈도 못 꾸었다. 비싼 수업료가 최고의 교육이라 믿던 그 시절, 나는 정작 가장 본질적인 것을 놓치고 살았다

세상이 급변하는 이 시대에, 불변하는 진리와 흔들리지 않는 가치관을 심어 주는 일이 그 어느 때보다 시급해졌다. 미국 공교육 현장에서 벌어지는 다양한 사례들을 접하며 가정교육의 필요성이 더욱 요구됐다. 우리 자녀들이 진정으로 배워야 할 것은 단순한 지식이 아니라, 삶의 방향을 바로 세워 주는 나침반 같은 가치관이었다. 그것

은 다른 누구도 아닌, 바로 부모인 우리가 삶으로 가르쳐야 하는 것이었다

아이들이 세상을 살아가는 데 있어 반드시 붙들어야 할 도덕과 규범, 그리고 절대 흔들려선 안 될 진리는 가정 안에서 먼저 뿌리내려야 한다. 이제는 더 이상 학교가 자녀들에게 모든 것을 책임질 것이라 기대해서는 안 된다.

이런 시대적 흐름 속에서, 우리가 자녀에게 물려줘야 할 가장 위대한 유산은 돈과 건물 같은 재산이 아니라 '복음'이다. 진리와 거짓을 분별하는 지혜, 세상의 가치에 휩쓸리지 않고 바른 길을 택할 수 있는 믿음, 그것이야말로 부모가 자녀에게 심어 줘야 할 핵심이다.

그래서 '밥상머리 교육'이 중요하다. 매일의 식사처럼 규칙적이고 자연스럽게, 말씀과 기도가 삶에서 행해지는 것이 무엇보다 중요하다. 말씀을 나누며 참과 거짓을 분별하고, 거친 세상 속에서도 흔들리지 않는 영적 중심을 세우는 시간, 그것이야말로 이 시대에 가정이 감당해야 할 신앙교육의 본질이다.

일주일에 한 번 교회 가서 드리는 예배로 아이들의 신앙은 성장하지 않는다. 아이들에게 중요한 것은 식탁에서

매일 밥 먹듯이 부모가 말씀으로 말해 줘야 한다. '품 안의 자식'이라는 말처럼, 자녀는 생각보다 빨리 자라고 부모 곁을 떠난다. 그렇기에 함께 있는 시간 동안, 매일 말씀을 읽고 예배드리는 삶을 통해 하나님 안에서 믿음이 견고하게 뿌리 내려야 한다.

성경은 가장 좋은 부모 교육서다. 변하지 않는 진리는 모두 성경 속에 담겨 있다. 가랑비에 옷 젖듯, 콩나물에 물 주듯, 매일의 작은 실천으로 아이들의 영혼을 적신다면, 어릴 적 심은 말씀의 씨앗은 반드시 믿음의 열매를 맺을 것이다.

우리의 삶은, 곧 아이들의 교과서다. 식탁 위에서 나누는 한 구절의 말씀, 하루를 돌아보며 드리는 짧은 기도, 그것들이 자녀의 삶을 이끌어 줄 가장 강력한 빛이 된다. 그들은 자라서 또다시 그들의 자녀에게 이 거룩한 유산을 물려줄 것이다. 이것이야말로 우리가 줄 수 있는 가장 위대한 선물이요, 영원히 이어질 생명의 이야기다. 그래서 아이들에게 유언처럼 이렇게 당부했다.

"우리가 너희와 함께 매일 성경을 읽었듯이, 너희도 결혼

해 자녀를 낳으면 꼭 식탁에서 매일 말씀을 읽어라. 이것은 우리가 너희에게 남겨주는 그 어떤 유산보다 귀한 것이란다. 엄마 아빠는 마흔이 넘어 성경을 세 번 통독했지만, 너희는 십 대에 이미 세 번 읽었잖니. 너희 자녀는 태어날 때부터 말씀을 듣고 자라도록 해라. 그리하여 하나님의 말씀이 떠나지 않는 가정을 이루길 바란다."

이 세상에서 귀한 것은 결코 쉽게 얻어지지 않는다. 꾸준한 실천과 깊은 사랑으로 가꾸고 지켜내야 한다. 아이들이 우리 품 안에 있을 때, 삶으로 보여 주는 부모의 모습이야말로 가장 강력한 메시지가 된다. 그리고 그 진리는 지금도 변함없이 우리를 부르고 있다.

"이스라엘아, 들으라. 우리 하나님 여호와는 오직 하나인 여호와시니, 너는 마음을 다하고 성품을 다하고 힘을 다하여 네 하나님 여호와를 사랑하라. 오늘날 내가 네게 명하는 이 말씀을 너는 마음에 새기고, 네 자녀에게 부지런히 가르치며 집에 앉았을 때든지 길에 행할 때든지 누웠을 때든지 일어날 때든지 이 말씀을 강론할 것이며 너는 또 그것을 네 손목에 매어 기호를 삼으며 네 미간에 붙여 표를 삼고 또 네 집 문설주와 바깥 문에 기록할지니라"

_신명기 6장 4-9절

가정에서 전하는 신앙의 유산은 세대를 이어가며 흘러갈 것이다. 우리가 오늘 뿌리는 말씀의 씨앗이 우리 후손들을 통해 영원히 열매 맺기를 소망한다.

4장

예배가 된 일상, 일상이 된 예배

하늘에서 방영되는 일일 연속극

늦은 밤, 부흥회를 마치고 돌아온 우리 가족의 발걸음은 무겁기만 했다. 이미 거실 소파에 주저앉은 아이들의 눈꺼풀은 점점 내려가고 가고 있었다.

"엄마, 아빠!"

세현이가 졸린 눈을 비비며 조심스럽게 말했다.

"오늘은 성경 안 읽으면 안될까요? 교회에서 이미 예배드리고 왔잖아요."

그 옆에서 상재도 말없이 피곤한 눈빛으로 나를 바라보았다.

남편은 생각에 잠긴 듯 한참동안 아이들을 바라보다

가 잠시 후 입을 열었다.

"얘들아, 내가 너희에게 정말 특별한 이야기를 해 줄게."

아이들은 아빠의 진지한 눈빛을 보고 금세 자세를 바로잡았다.

"우리 가족이 매일 성경을 읽는 것은 단순히 책을 읽는 시간이 아니란다. 이 시간은 하나님과 우리 가족이 만나는 아주 특별한 약속이야. 교회에서 예배드리는 것도 귀하지만, 가정에서 함께하는 이 작은 예배는 하늘에서도 손꼽아 기다리는 순간이야."

세현이는 고개를 살짝 기울이며 물었다.

"왜 그렇게 특별한 거예요, 아빠?"

남편은 아이들을 향해 신비로운 미소를 지었다.

"우리 가족에게 아주 특별한 비밀이 있거든. 매일 밤 우리가 성경을 펴고 둘러앉는 그 순간, 하늘나라에서는 특별한 생중계가 시작된단다. 하나님과 천사들이, 우리가 이렇게 모여 앉아 성경을 읽고, 서로의 이야기를 나누는 모습을 지켜보시며 흐뭇하게 미소 짓고 계시지. 너희가 매일 좋아하는 드라마를 기다리듯이 말이야."

"정말요?"

상재의 눈이 반짝였다.

"그래. 하나님께서는 이 순간을 얼마나 기다리시는지 모른단다. 마치 너희가 좋아하는 드라마의 다음 회차를 기다리는 것처럼 말이야. 놓칠 수 없는 이야기라고 생각해 보렴. 우리가 읽지 않으면 얼마나 아쉬우실까?"

그래도 세현이는 아직 피곤한 듯 투정 어린 표정을 지었다.

남편은 부드럽게 말을 이었다.

"하나님께서도 우리가 피곤한 걸 아셔. 하지만 네가 제일 좋아하는 드라마가 결방을 하면 얼마나 아쉬울까? 우리들의 매일 성경 읽기도 그만큼 흥미진진한 이야기란다. 천국에서는 우리 가족의 이야기가 가장 인기 있는 프로그램이야."

남편은 계속해서 말을 이어갔다.

"하나님께서 우리를 얼마나 사랑하시는지 아니? 하나님은 우리가 매일 성경을 읽고, 그 말씀을 통해 하나님과 소통하는 것을 매우 기뻐하신단다. 우리가 매일 성경을 읽는 것은 하나님과의 약속을 지키는 것이고, 그분의 사랑을 느끼는 시간이야."

그 순간, 나는 남편의 말 속에서 깊은 진리를 깨달았다. 우리가 매일 밤 성경 읽는 시간은 하늘과 땅이 만나는 신비로운 접점의 시간이었다. 우리 가족의 삶은 하나님이 연출한 거룩한 드라마였다. 예배 시간은 하나님께서 직접 각본을 쓰고 감독하시는 순간이었고, 우리는 그분의 드라마 속 배우이자 시청자였다.

　남편은 아이들의 손을 다정하게 잡으며 계속 말했다.

　"우리가 매일 성경을 읽고 기도하는 시간은 하나님과 더욱 가까워지는 시간이야. 이 시간을 놓치면 우리도, 하나님도 무척 아쉬우실 거야."

　아이들은 아빠의 진심 어린 말에 고개를 끄덕였고, 이내 마음을 다잡는 듯 보였다.

　그날 밤 우리는 피곤한 몸으로 다시 성경을 폈다. 처음엔 졸렸던 아이들의 눈이 말씀을 읽을수록 점점 맑아졌고, 지친 표정도 점차 생기가 돌기 시작했다. 목소리마다 힘이 깃들었고, 말씀 속에서 우리는 새로운 활력을 얻었다.

　매일 밤 우리 집 거실은 작은 예배당이 되어 하늘과 연결되었고, 우리의 일상은 하나님이 연출하시는 드라마로 펼쳐졌다. 우리는 그렇게 서로를 이해하고 사랑하며,

믿음 안에서 자라갔다. 이것이야말로 우리 가족에게 주어진 가장 귀한 선물이었다.

하늘나라 프로그램 편성표에서 우리 가족 이야기는 오늘도 계속 방영 중이다. 우리의 작은 예배가 하늘의 기쁨이 되고, 우리 가족이 만들어 가는 이야기가 영원히 기억될 드라마가 되어 하늘의 별처럼 빛나고 있음을 믿는다.

"두세 사람이 내 이름으로 모인 곳에는 나도 그들 중에 있느니라"

_마태복음 18장 20절

페이스타임으로 드리는 가족예배

16시간의 긴 운전 끝에 우리 가족은 뉴욕에 도착했다. 맨해튼의 빌딩 숲 사이로 화려한 네온사인이 반짝이는 저녁에 우리 가족은 호텔 침대에 둘러앉았다. 체크인하자마자 가장 먼저 한 일은, 다름 아닌 성경 읽기였다.

찬란한 뉴욕의 밤거리가 유혹의 손짓을 보냈지만, 우리는 먼저 말씀 앞에 마음을 모으고 감사기도를 드렸다. 각자의 손에 들린 스마트폰과 태블릿에는 '홀리 바이블 앱'이 은은하게 빛났다. 세계에서 가장 화려하고 복잡한 도시의 한복판에서, 우리는 디지털로 이어진 말씀의 끈을 단단히 붙들고 있었다. 여행 중에는 두꺼운 성경책을 굳이 들고 다닐 필요가 없었다. 각자의 스마트폰에 깔린 성경 앱 덕분에 마음만 먹으면 언제든지 성경을 펼칠 수가 있었다.

여행지에서 맞이하는 아침은 먼저 말씀으로 시작했다. 특히 일정이 불규칙한 여행 중에는 집에서처럼 시간에 맞춰 성경 읽기가 어려웠기에 눈뜨자마자 미리 성경을 읽고 거리를 나섰다. 저녁에 몇 시에 들어올지, 혹은 관광하면서 얼마나 피곤할지 가늠이 안 되기 때문이다. 우리의 목표는 하루에 한 번, 언제 어디서든 반드시 성경을 읽는 것이었다. 네 명이 모두 한 공간에 있지 않더라도 우리의 성경 읽기는 끊어지지 않았다.

남편이 출장을 떠날 때도 예외는 아니었다. 분주한 공항 라운지에서도 남편은 조용한 구석을 찾아 페이스타임을 연결했다. 화면 속으로 아이들의 얼굴이 나타나면, 그곳은 더 이상 여행객들로 북적이는 공항이 아닌 따뜻한 가정예배의 현장이 되었다. 수천 킬로미터 떨어진 곳이나, 시끄러운 공항도 우리 가족의 성경 읽기를 방해하지 못했다. 그 어떠한 환경에서도 스마트폰 화면만 켜면 그곳이 하나님이 임재하는 예배의 장소로 변했다. 공항 라운지에서 묵상한 말씀을 나누는 남편의 목소리에, 아이들은 집중하며 귀를 기울였다.

이런 시간이 켜켜이 쌓이면서, 말씀 읽기는 단순한 종교적 습관이 아닌, 우리 가족의 삶 그 자체가 되었다. 예배는 가족의 일상을 나누는 시간으로, 아빠의 비전을 듣고 아이들의 꿈을 나누며, 그 모든 것이 하나님의 계획 안에서 어떻게 이루어져 가는지 함께 지켜보는 시간이 되었다. 특히 아빠가 기도로 준비하는 일들이 어떻게 열매 맺어 가는지를 지켜보며, 아이들은 자연스럽게 하나님의 일하심을 경험했다. 매일의 성경 읽기는 우리 가족에게 삶의 나침반이 되었고, 기도는 우리를 하나로 묶는 튼튼한 연결고리가 되었다.

처음에는 단순히 우리의 의지로 시작된 여정인줄 알았지만, 이제는 분명히 하나님이 우리를 이끄신다는 것을 느꼈다. 시간과 공간의 제약도, 바쁜 일상의 압박도, 하나님 뜻 앞에서는 더이상 걸림돌이 되지 않았다. 스마트폰 기계는 차갑지만, 그것을 통해 전해지는 우리의 마음은 따뜻했다.

남편이 출장 갈 때마다 울리는 전화 벨소리는 이제 우

리 가족에게 예배를 알리는 교회 종소리처럼 들렸다. 그 작은 화면 안에서, 우리는 날마다 하나님의 은혜를 새롭게 발견했다. 비록 몸은 떨어져 있어도 함께 읽는 성경 말씀은 우리 가족을 이어 주는 징검다리가 되었다.

디지털 시대, 페이스타임을 통해 우리 가족은 거리와 상관없이 매일 성경을 읽으며 하나님이 주신 만나로 영의 양식을 배불리 먹었다. 어쩌면 이것이야말로 하나님께서 오늘날 바쁜 현대인에게 허락하신 새로운 방식의 특별한 축복이 아닐까?

온라인으로 이어진 우리 가족의 말씀 읽기, 그것은 21세기를 살아가는 우리 가족만의 특별한 예배 방법이다.

남편의 간증문

　남편은 '생수의 강'을 통해 믿음의 사람으로 다시 태어났다. 온 가족이 성경 통독하는 것이 교회에 알음알음 소문이 나서 추수감사절에 교인들 앞에서 대표로 신앙고백하는 기회를 가졌다. 주일날 함께 교회에 나가 예배드리는 것만으로도 감사한 일인데 남편이 몇백 명의 성도들 앞에서 신앙간증을 하는 자체가 하나님이 살아 계시고 일하신다는 증거였다. 남편의 간증 내용을 소개한다.

　저는 오늘, 저의 인생을 변화시킨 하나님의 은혜에 대해 나누고자 합니다. 저를 이곳에 세워 주시고 제 삶을 나누게 하시는 하나님께 감사를 드립니다.

저는 가톨릭 가정에서 모태 신앙으로 태어나 유아세례를 받고 성당을 다녔습니다. 고등학생 때는 성당에서 학생회 회장을 맡고, 한때는 가톨릭 신부가 되겠다는 꿈도 꾸었습니다. 그랬던 제가 교회를 다니게 된 건 아내 덕분이었습니다. 독실한 장로교 가정에서 자란 아내와 결혼한 후, 아내는 저에게 개신교 신자가 되라고 권유했습니다.

저는 어머니께서 물려주신 가톨릭 신앙을 저버리는 것이 불효라고 여겨 거부했습니다. 신혼 초기에는 교회를 열심히 다니는 아내를 몹시 핍박하였습니다. 주일 오전마다 여러 약속을 만들어 아내를 교회에 못 가게 했습니다. 어느 날에는 "나도 성당을 안 나갈 테니 당신도 교회 가지 마." 하고 회유하기도 했습니다. 하지만 아내와 장모님의 끊임없는 기도로 결국 개신교 신자가 된 지는 12년 정도 됩니다.

처음에는 아내의 뒤만 따라다니며 대형 교회의 마당만 밟는 전형적인 'Sunday Christian'이었습니다. 미국에 오기 전까지 사회에서 저를 만난 사람 중에는 제가 개신교 신자라는 사실을 아는 사람은 거의 없었습니다. 2012년 애틀란타로 이민 온 후, 연합장로교회를 택한 것은 다음과 같은 두 가지 이유 때문이었습니다.

첫 번째는, 연합장로교회는 애틀랜타에서 큰 교회 중 하나로, 대형 교회의 익명성 속에서 Sunday Christian 생활을 할 수 있었기 때문입니다. 다른 사람의 간섭과 참견 없이 주일예배를 드리기에 딱 좋았습니다.

두 번째는, 예배드린 후 점심까지 해결할 수 있어 부담 없이 교회에 다닐 수 있었습니다. 연합교회의 점심이 다녀본 교회 중에서 제일 맛이 있었던 걸로 기억됩니다.

그러던 중, 작년 가을에 아내가 난데없이 '생수의 강'이라는 프로그램을 등록했다고 합니다. 거기에서 주는 도시락이 맛있다고 하며 화요일 저녁마다 가라고 해 떠밀리다시피 참석했습니다.

그렇게 반강제로 참석한 '생수의 강'에서 성경을 공부하고 말씀을 외우고, 찬양하고, 기도하던 어느 날이었습니다. 제 인생의 전환점이 되는 사건이 발생했습니다. 2013년 9월 13일 금요일 밤이었습니다. 저녁을 먹고 '생수의 강'에서 내준 숙제를 하려고 침대에 비스듬히 앉아서 성경을 읽었습니다. 그런데 갑자기 자세가 매우 불량하다는 생각이 들어 자세를 고쳐 똑바로 앉았습니다. 그럼에도 건방지고 불편하게 느껴져 침대에서 내려와 방바닥에 앉았습니다. 그 순간, 저도 모르게 무릎을 꿇으면서 회개의 눈물이 나오기 시작하더니 어릴 적 기억이 떠오르는 것이었습니다.

'날이 어둑해지는 어느 추운 겨울날이었습니다. 엄마가 백원을 주고 두부 사 오라는 심부름을 시키셨습니다. 어린 저는 두부를 사 갖고 "예수 이름으로 예수 이름으로 승리를 얻었네"라고 노래를 부르며 깜깜한 골목길을 걸어갔습니다. 겨울이라 금방 날이 어두워졌습니다. 전 갑자기 무서운 생각이 들었습니다. 그래서 두부가 든 검정비닐을 들고 뛰어갔습니다. 그때부터 잊고 지냈던 제 인생의 파노라마가 주마등처럼 펼쳐졌습니다. 미국에 오기 직전 중국에서 가족들과 떨어져 혼자 지낼 때, 쥐똥 나오는 회사 밥을 먹으며 외롭게 지내는 모습도 선명하게 보였습니다.'

그 순간, 옆에서 나지막이 '성진아~'라고 제 이름을 부르더니 '난 네가 어릴 적부터 지금까지 항상 너와 함께 있었다'라는 말씀이 들리는 거였습니다. 그것은 분명히 하나님의 음성이었습니다. 하나님이 내 옆에 가까이 계신 게 느껴졌습니다. 마치 하얀 빛이 공중에서 내려와 온몸을 감싸듯 주변은 환하고 내 몸은 뜨거워지기 시작했습니다. '오 맙소사! 지금 무슨 일이 일어나고 있는 거지?' 저는 감격에 젖어 온몸에 소름이 돋으면서 다른 세상을 마주한 사람처럼 전율이 일어나 손가락 하나도 움직일 수 없었습니다. 그날 처음으로 제게 성령 하나님이 임재하시는 경험을 하게 된 것입니다.

세상의 성공과 출세만을 위해 살아왔던 제게, 하나님이 직접 나타나셨습니다. 하나님이 살아 계신다는 것을 깨닫자 한없이 눈물이 흘러나왔습니다. 이것은 슬픔의 눈물과는 차원이 다른 회개의 눈물이었습니다.

성령님은 어린 제가 추운 겨울밤 심부름할 때도, 미국 유학 못 가고 방황할 때도, 중국 타지에서 가족들과 떨어져 홀로 고생할 때도, 또 나라를 옮겨 다니며 새로운 회사와 문화에 적응하느라 고군분투할 때도 저와 함께하셨습니다. 미국으로 제 가족을 이끌어 주신 것도 하나님이셨습니

4장 예배가 된 일상,
일상이 된 예배

다. 조지아텍 교수로 일할 수 있었던 것도 다 하나님의 계획이었습니다.

그런데 입으로는 하나님께서 하셨다고 했지만 '내가 능력이 있어서 교수가 되었지'라는 교만함이 마음 한구석에 자리 잡고 있었습니다. 하나님께서는 기쁠 때나 슬플 때나 항상 저와 함께하셨는데, 제가 폭주 전차처럼 세상의 성공만을 향해 달려가느라 하나님이 옆에 계신 것을 깨닫지 못한 것이었습니다.

그런 저를 성령님은 제 가슴 속에서 형용할 수 없는 뜨거운 기운을 솟구치게 하시더니 달걀을 터트리듯이 제 교만함을 깨부수셨습니다.

그날을 맞이하기까지 저는 제게 무조건 부어 주신 은혜들을 제가 잘나서 얻는 것인 줄 알았습니다. 제가 누리는 것을 당연한 것으로 여기고 제 안에 상주하고 있었던 성령 하나님을 무시하며 살았습니다.

예수 그리스도와 성령님의 압도적인 사랑 때문에 매일 주의 은혜로 살아가고 있음을 그제야 깨달았습니다. 감동과 환희가 가슴 깊은 곳에서부터 벅차올랐습니다. 저는 침대 밑에 두 무릎을 꿇고 머리를 조아리며 고백했습니다.

'하나님, 어릴 때부터 지금까지 항상 저와 함께해 주셔서 감사합니다.'

손바닥에서 열이 나고 어느새 뜨거운 눈물이 볼을 타고 흘러내렸습니다. 제 삶에서 살아 계신 하나님을 인격적으로 만난 그날 이후, 저는 새로운 인생을 살고 있습니다. 지난 일 년간 저와 가족에게는 많은 변화와 감사의 간증이 있습니다. 그중에 오늘 두 가지만 여러분께 말씀 드리고 싶습니다.

첫 번째, 저는 현재 에레모스 동역의 동역장으로 섬기고 있습니다. 저는 과거에 아내가 주일예배 말고는 어떠한 다른 교회 활동하는 것을 용납하지 않았던 사람이었습니다. 아내가 너무 교회에 빠져서 앞뒤 꽉 막힌'예수쟁이'가 되는 것이 싫었습니다. 그랬던 제가, 지금은 오직 예수님의 옷자락만 붙잡고, 그분의 빛을 밝히는 등경이 되자고 동역 식구들에게 소리 높여 권면하고 있습니다. 누구든지 저를 '앞뒤 꽉 막힌 예수쟁이'라고 부른다면 '할렐루야' 저에겐 축복의 찬사라 생각하겠습니다.

두 번째 감사의 간증은, 우리 가족이 하루도 빠지지 않고 약 6개월 동안 매일 성경 교독을 하고 있습니다. "먼 여정은 함께 가야 지치지 않는다"라는 속담처럼 성경 일독을 목표로 지난 6월부터 저녁마다 하루 3장씩 성경을 읽고 있습니다.

놀랍게도 하나님께서는 저와 아이들에게 필요한 메시지를 그날 읽는 성경 본문을 통해 전하셨습니다. 그리고 매일 성경 읽고 기도하니 아이들의 기도도 바뀌었습니다. 처음에는 자신들이 원하는 것과 필요한 것을 갖게 해달라고 기도했습니다. '게임기를 갖게 해 주세요.' '내일 시험 잘 보게 해 주세요.' '오디션 패스하게 해 주세요'라는 기도가 대부분이었습니다.

그렇게 매일 기도하니 아이들은 자신들의 기도가 응답 되는 것을 보고 신기하게 여겼습니다. 한 달이 지난 후에는 성경을 계속 읽게 해달라고 기도하였습니다. 성경을 읽는 시간이 밀린 숙제하는 듯한 지루한 시간이었지만 아빠가 성경을 풀어서 이야기해 주니 이해하기 쉽고 점점 재미있다고 하면서 신약과 구약을 넘나들며 아빠가 설명해 주는 하나님의 말씀에 집중하게 되었습니다. 이렇게 아이들 스스로 변화를 느끼자 우리 가족만 이 은혜를 누리면 안 되겠다고 느끼게 되었습니다.

두 달 후에는 친척들과 믿지 않는 친구들과 이웃을 위해 구원받게 해 달라고 기도하였습니다. 석 달이 지나자 일상에서도 아빠처럼 하나님의 음성을 듣게 해 달라고 기도하더니 넉 달이 넘어가면서는 자기들의 삶을 통해 하나님의 영광을 드러내게 해 달라고 스스로 거룩한 기도를 하기 시작했습니다.

매일 밤 10시 반부터 11시 반까지는 예배 시간으로 정하고 성경 말씀을 읽고 묵상하며 하루를 감사기도로 마무리합니다. 믿음 없이 교회만 다니던 제게 성령 하나님이 찾아오셔서 완전히 다른 사람으로 변하게 하셨습니다. 그것은 마치 생고기가 불로 익힌 후 먹을 수 있는 고기로 변한 것처럼, 저는 전혀 다른 차원의 사람으로 변했습니다. 그리고 제가 동역 모임과 가정에서 참된 제사장 직분을 수행하도록 하나님께서 지혜의 능력을 주셨습니다.

우리 가족은 변화된 제 모습을 보고 살아 있는 하나님을 볼 수 있다고 합니다. 우리 가족과 함께하는 성령 하나님의 은혜가 오늘 예배를 드리는 모든 성도님의 가정에도 전

파되기를 바랍니다. 아울러 이 자리에서 넘치는 감사함으로 간증을 드릴 수 있도록 제 삶을 주관하시는 존귀하신 하나님께 모든 영광을 올립니다.

끝으로, 여호수아서 1장 8절에서 9절까지의 말씀으로 제 간증을 맺습니다.

"이 율법책을 네 입에서 떠나지 말게 하며 주야로 그것을 묵상하여 그 안에 기록된 대로 다 지켜 행하라 그리하면 네 길이 평탄하게 될 것이며 네가 형통하리라 내가 너희에게 명령한 것이 아니냐? 강하고 담대하라 두려워하지 말며 놀라지 말라 네가 어디로 가든지 네 하나님 여호와가 함께하느니라"

가족보다 가까운 동역 식구들

"나는 심었고 아볼로는 물을 주었으되 오직 하나님께서 자라나게 하셨나니 그런즉 심는 이나 물 주는 이는 아무 것도 아니로되 오직 자라게 하시는 이는 하나님뿐이니라"

_고린도전서 3장 6~7절

"우리는 하나님의 동역자들이요 너희는 하나님의 밭이요 하나님의 집이니라"

_고린도전서 3장 9절

해외에서 살아가는 이민자의 삶은 외롭다. 가족이 그

립고 음식이 그립고 내 나라가 그립다. 낯선 땅에서 고향을 그리워하며 외로움을 달래기 위해 교회와 같은 종교 기관을 찾는다. 위로받고 격려받기 위해, 또는 친구를 사귀기 위해 그곳에 발을 내딛지만 때로는 상처를 받아 마음의 문을 닫기도 한다.

교회 안에서는 다시 더 작은 공동체가 형성된다. 그것이 바로 동역이다. 동역 식구들은 혈연보다 더욱 친밀하고 깊은 유대를 맺는 소중한 관계로 발전한다. 그래서 교회는 이 작은 공동체가 활성화되어 서로가 자주 만나고 함께 예배하기를 간절히 바란다.

남편이 회심하고 난 뒤 우리 부부는 교회의 권유로 동역장을 맡게 되었다. 그전 동역장님은 청년 때부터 신앙의 깊이가 남달랐고 오랜 시간 성경 공부를 인도한 존경받는 분이었다. 그런 분의 뒤를 이어 남편이 동역장을 맡는다는 건 부담스러운 일이었다. 남편은 아직 성경도, 찬송가도 낯설기만 한 새신자나 다름없었다. 믿음이나 성경 지식이 여러모로 부족한 사람이 다른 가정과 함께 모여 예배를 이끌고 성경 공부가 가능할지 의문이었다.

동역 모임이 열리는 날이면 나는 손님 맞을 준비로 눈

코 뜰 새 없이 바빴다. 우선 장을 보고 음식을 준비하며, 집 안 구석구석 청소하고 정리 정돈하는 일까지 몸이 열 개라도 부족했다. 혹시 음식이 부족하지 않을까?, 집이 정돈되지 않아 보이지는 않을까? 하는 걱정이 밀려와 마음이 무거워지기도 했다.

하지만 정작 모임이 시작되면 놀랍게도 모든 걱정과 긴장이 스르르 사라지고 마음에 잔잔한 강물 같은 평안이 찾아왔다. 동역 모임을 이끄는 이는 남편이나 내가 아니라 바로 하나님이심을 깨달았다. 남편은 하나님께서 주신 말씀을, 그 음성을 듣고 전하는 역할을 하는 것뿐이었다.

동역 모임은 순조로웠다. 기도하고 말씀을 듣고, 조곤조곤 나눔의 시간을 가졌다. 지치고 흔들리는 우리가 서로의 연약함을 드러내며 손잡고 하나님께 나아가는 시간이었다. 각 가정의 기도 제목을 나누며 서로를 위해 간절히 두 손 모아 기도하고 동역 예배를 마쳤다.

동역원 중의 한 사람인 우영이네는 기러기 가족이었다. 어느 날 우영이가 놀다가 바둑알을 삼키는 사고가 발생했다. 놀란 우영이 엄마는 급히 아이를 데리고 응급실로 달려갔다. 바둑알의 위치를 확인하기 위해 위 조영술을 찍다가 아이의 횡격막과 식도 사이에 천공이 있는 걸 발견했다.

사실 우영이는 또래보다 키가 작고 핏기가 없었다. 혈변도 자주 봤다. 얼굴은 백지장처럼 창백하고 배가 자주 아팠다. 헤모글로빈 수치가 낮아서 백혈병인 줄 알고 온갖 검사를 다 했지만, 별다른 원인은 밝혀지지 않았다. 그동안 아이가 혈변을 보고 배가 아픈 것은 횡격막과 위와 연결된 부분에 천공이 있었기 때문이었다. 위가 헐어 위산이 역류해서 식도가 헐고 피가 나왔다. 혈변을 본 이유를 바둑알 때문에 발견한 것이다.

우영이는 복강경 수술로 횡격막을 패치로 꿰맨 후 회복할 때까지 일주일 동안 병원에 입원해 있었다. 동역 식구들은 우영이와 그의 가족들을 위해 한마음으로 기도를 하고, 돌아가며 음식을 싸 가지고 병문안을 갔다. 집에 남아 있는 두 아이의 식사까지 챙겨 줬다. 때로는 보호자 역할을 분담해 우영이를 간호했다. 그러면 그사이 우영이 엄마는 집에 가서 두 아이를 돌볼 수 있었다.

얼마 후 건강하게 퇴원한 우영이를 보며 우리는 다시 한번 하나님의 놀라운 섭리를 경험했다. 모든 사건은 하나님의 완벽한 계획과 때 안에서 이루어지고 있었다. 우리 동역 식구들은 단순히 함께 모여 예배하는 사람들이 아니라, 서로의 삶 속에서 하나님을 경험하게 하는 소중한 통로 역할을 하는 사람들이었다. 교회의 지체로서 한 몸과 한마음으로 주님을 섬기듯, 동역 식구를 챙겨 주며 주의 사랑을 전했다. 동역원들은 삶에서 힘든 순간을 만날 때마다 함께 기도하고 그 기도가 이루어지는 것을 지켜보며, 서로의 삶을 나누었다. 혹시 부족한 부분이 있으면 은혜로 채워갔다.

감사와 기쁨의 눈물이 마르지 않고 흐를 무렵, 어느 순간부터 거실에 앉을 자리가 없을 정도로 동역 식구들이 늘어났다. 먹을 것을 아무리 많이 준비해도 부족했다. 음식으로 가득 찼던 냄비와 그릇들이 메뚜기떼가 훑고 간 것처럼 깨끗이 비워졌다. '아, 우리 동역이 이토록 부흥하다니….' 열매가 주렁주렁 달린 나무를 바라보듯 마음에서 감사가 넘치면서도 이제는 동역을 나눌 시기가 왔다는 것을 느꼈다. 여섯 가정에서 시작한 동역은 어느새 열두 가정이 되었고, 결국 우리는 새로운 리더를 세워 두 그룹으로 나누었다.

하나님 안에서 주의 사랑을 나누고 실천하는 동역 식구들이었다. 피를 나눈 형제보다 더 가까이 지낼 수 있는 동역원을 보내 주시고, 이런 우리를 흐뭇하게 바라보실 하나님을 생각하니 저절로 감사기도가 나왔다. 함께 울고 웃으며 기도하고, 서로의 삶 속에서 주님을 만났던 그 시간이 너무나 소중했다.

하나님께서 우리의 작은 헌신과 순종을 통해 놀라운 일을 이루셨다는 것을 깨달으면서 이 거룩한 여정을 앞으로도 계속해서 걸어갈 것을 다짐하며 기도했다.

복 있는 사람의 모습

"복 있는 사람은 악인들의 꾀를 따르지 아니하며 죄인들의 길에 서지 아니하며 오만한 자들의 자리에 앉지 아니하고 오직 여호와의 율법을 즐거워하여 그의 율법을 주야로 묵상하는도다 그는 시냇가에 심은 나무가 철을 따라 열매를 맺으며 그 잎사귀가 마르지 아니함 같으니 그가 하는 모든 일이다 형통하리로다 악인들은 그렇지 아니함이여 오직 바람에 나는 겨와 같도다"

_시편 1장 1~4절

2017년, 우리는 미국 생활 5년 만에 다시 이사를 결정했다. 아이들의 학업을 위한 선택이었다. 이민 초기에 우리 가족이 집을 고를 때 최우선으로 고려한 것은 학군이었다. 그래서 학업 성적이 뛰어나고 안전한 지역인 존스 크릭에 정착했다. 이곳은 미국 전역에서 SAT 점수가 높기로 소문났으며, 아이비리그를 비롯한 명문대 진학률이 탁월했다. 특히 아시아인이 많아, AP Advanced Placement 수업에 들어가 보면 마치 아시아의 학교에 온 듯 동양인 학생이 가득했다.

그러나 시간이 지나면서, 좋은 학군과 평균 성적이 높은 학교가 반드시 우리 아이에게 유리하지만은 않다는 것을 깨달았다. 학업 성취를 향한 경쟁이 심했고, 특히 인도와 중국 학생들의 선행 학습과 치열한 과외 경쟁은 한국을 능가할 정도였다.

큰아이가 졸업한 후, 둘째를 위해 우리는 더 여유로운 환경을 찾아 이사했다. 아이가 보다 편안한 마음으로 공부할 수 있기를 바랐다. 하지만 새로운 학교는 아이에게 또 다른 큰 도전이었다. 그 학교는 이전 학교와 달리 백인 학생들이 대부분이었고, 기존의 AP 과목이 인정되지 않아 다시 수업을 반복해야 했다. 아이는 이미 배운 과목을 또 들어야 했고, 친구를 사귀는 일 또한 쉽지 않았다.

새로운 환경에 적응하려는 아이의 모습을 지켜보는 내 마음은 무거웠다. 혼자 밥을 먹고, 혼자 공부하며, 혼자 복도를 걷는 아이의 뒷모습을 상상할 때면 가슴이 미어졌다. 매일 간절히 기도했다.

"하나님, 아이가 마음을 나눌 좋은 친구를 만나 새 학교에 잘 적응하게 도와주세요."

그러자 놀랍게도 아이의 가장 친했던 친구인 지솔이가 같은 학교로 전학을 왔다. 이 작은 기적은 아이에게 큰 위로가 되었다. 하지만 새로운 학교는 등교 시간이 너무 빨라 아이는 매일 꼭두새벽 어두운 시간에 집을 나서야 했다. 이른 새벽, 피곤함에 눈을 비비며 힘겹게 일어나 차에 타자마자 다시 잠드는 아이를 보면서, 나는 속으로 수없이 자책했다. '내 욕심으로 아이를 더 힘들게 하는 건 아닐까….' 그렇지만 이 모든 것 역시 부모가 아이를 위해 최선을 다하는 과정이었다.

우리 가족은 기도로 이사를 준비했다. 이사한 첫날, 집안 정리를 끝내고 피곤에 지친 몸으로 성경을 폈다. 그날 우리의 눈에 들어온 말씀은 시편 1장의 말씀이었다. 이 말씀은 우리를 위한 하나님의 특별한 메시지로 들렸다.

새로운 집은 이전보다 크고 쾌적했다. 남편의 출퇴근 시간도 짧아지고 교회와 한인 마트도 가까웠다. 뒷마당에서 바라본 푸른 나무와 호수, 새소리가 들리는 아름다운 환경 속에서 우리는 하나님께서 마치 시편의 말씀대로 우리를 이끄셨다는 것을 느꼈다. 더 놀랍게도 이사 후 드리는 첫 심방예배에서도 목사님은 시편 1장으로 설교하셨다. 하나님께서 우리 가족의 이사를 축복하고 계심을 확신할 수 있었다.

이 모든 과정을 통해 최고의 학군이나 환경이 중요한 것이 아니라, 아이가 어떤 환경에서도 성장하고 발전할 수 있도록 부모가 곁에서 지지하며 기도로 동행하는 것이 더욱 소중하다는 것을 알았다. 어려운 환경과 힘든 도전이 아이를 더 단단하게 만들고, 우리 가족을 더욱 굳건히 묶어주었다. 이제 우리는 아이의 삶에서 가장 든든한 후원자는 부모도 친구도 아닌 하나님 한 분뿐임을 기억하며 살아가기를 기도한다.

"하나님, 우리 아이의 발걸음을 지켜주시고, 이 여정을 통해 아이가 더욱 지혜롭고 강하게 성장하게 해주세요."

코로나 때 말씀으로 치료의 광선을 받다

"내 이름을 경외하는 너희에게는 공의로운 해가 떠올라서 치료하는 광선을 비추리니 너희가 나가서 외양간에서 나온 송아지같이 뛰리라"

_말라기 4장 2절

"그가 아버지의 마음을 자녀에게로 돌이키게 하고 자녀들의 마음을 그들의 아버지에게로 돌이키게 하리라 돌이키지 아니하면 두렵건대 내가 와서 저주로 그 땅을 칠까 하노라 하시니라"

_말라기 4장 6절

2014년 6월부터 시작된 가족 성경 읽기는 큰아이가 2017년 대학에 들어간 후에도 남은 세 명이 계속 이어갔다. 그러나 2019년 둘째마저 다른 주에 있는 대학을 가면서 우리 가족의 성경 읽기는 자연스럽게 멈추고 말았다. 품 안의 자식이라 했던 아이들이 어느새 모두 떠난 것이다.

아이들이 부모 곁에 머무르는 시간은 생각보다 길지 않았다. 늘 옆에 있던 아이들이 하나둘 떠나고 나니 성경을 읽는 시간도 함께 사라졌다. 기숙사에 간 아이들에게 각자 성경을 읽으라고 당부했지만, 어른인 나도 종종 잊곤 하는데 아이들은 더 어려웠을 것이다.

그러던 2019년 말, 코로나 사태가 터져 2020년 3월에는 전 세계가 셧다운됐다. 학교도 닫히고 나라 간 왕래도 끊어진 상황에서, 아이들은 다시 집으로 돌아왔고 수업은 모두 온라인으로 전환되었다. 남편은 당시 한국으로 출장 갔는데 귀국하면 2주간 자가 격리를 해야 하는 상황이라 한국에 그대로 머물렀다. 나는 아이들과 집에 있으면서 떨어져 있는 남편과 페이스타임으로 멈추었던 가족 성경 읽기를 부활시켰다.

다시 성경을 펴고 말씀을 읽기 시작하자 하나님께서는 처음과 같은 은혜를 우리에게 베풀어 주셨다. 놀랍게도 처음처럼 가족 간의 갈등이나 싸움은 일어나지 않았다. 성경을 처음 읽기 시작했을 때 이미 평생 싸울 싸움은 다 한 듯했다. 이젠 누구도 싫다고 하지 않고 모두 기꺼이 순종하며 성경을 펼쳤다.

어린 시절 가정예배가 왜 그리 부끄럽고 어색했는지 생각해 본 적이 있다. 가족 간의 대화가 부족한 상황에서 갑자기 찬송을 부르고 성경을 읽는 것이 낯설고 불편했기 때문이었다. 하지만 우리 가족의 성경 읽기는 그런 어색함이 없었다. 가족 성경 읽기는 하나님 말씀을 매개체로 서로에 대해 알아가는 시간이었다.

하나님 말씀을 가까이하는 것을 사탄은 싫어한다. 말씀으로 다가가려면 온갖 방법으로 방해한다. 우리 가족은 우리끼리 싸움을 한 것이 아니라 영적인 싸움을 한 것이다. 사탄의 방해에도 굴하지 않고 두 달 동안 치열하게 싸웠고 그것을 극복했다. 사탄과의 싸움에서 영적으로 승리한 후로는 가정예배를 드릴 때 더 이상 가족 간의 싸움은 없었다. 이후, 가족 간의 갈등은 사라졌는데 가끔 예배를 방해하는 외부적 요소들이 발생했다.

코로나로 인해 집에 모인 아이들과 다시 성경을 읽으며, 우리는 마침내 성경 3독을 마쳤다. 마지막 날 읽은 「말라기」의 말씀은 우리에게 큰 위로를 주었다. "하나님께서 치료의 광선을 비추시면 우리가 송아지처럼 기뻐 뛰어다닐 것이다"라는 약속이었다. 그 말씀은 마치 코로나가 곧 끝날 것이라는 하나님의 희망적 메시지로 다가왔다. 그러나 그 축복을 받으려면 먼저 우리가 하나님을 경외하는 마음을 가져야 한다는 전제가 있었다.

세상은 점점 소돔과 고모라 시대처럼 악해지고 선과 악의 경계가 흐려지고 있다. 이런 모든 가치가 상대적으로 평가되는 시대를 살고 있는 우리 아이들은 점점 진리를 분별하는 힘을 잃어가고 있다. 가정은 자녀들이 진리를 분별하는 힘을 키울 수 있는 최소한의 사회 단위다. 그러므로 아이들이 세상으로 나가기 전에 가정에서 말씀을 통해 올바른 가치관을 배우고, 그것을 인생의 기준으로 삼을 수 있어야 한다.

성경을 읽으면서 우리 가족은 하나님을 만나고 그분의 살아 계심을 체험했다. 성경은 오래된 유대인의 역사서가 아니라 오늘도 우리에게 직접 말씀하시는 하나님의 음성이었다. 그동안 귀로 듣고 싶었던 하나님의 음성은 성경 말씀을 통해 우리의 마음에 새겨졌다. 그렇게 우리 가족 네 사람 모두가 생생하게 하나님을 경험했다.

아이들과 함께 있을 때 성경 읽기를 통해 믿음의 기초를 다져주는 것이 얼마나 중요한지 깨달았다. 그 기초 위에서 아이들은 자신만의 하나님을 만나고 성장한다. 부모로서의 역할은 믿음의 씨앗을 심어 주고 좋은 환경을 만들어 주는 것이다. 열매는 결국 아이들 스스로의 몫이다. 그것이 부모가 해야 할 최선이다.

5장

성경을 통해 기적을 경험하다

남편에게 준 하나님의 깜짝 선물

그날 밤, 우리는 평소와 다름없이 식탁에 둘러앉아 하루를 마무리하였다. 온 가족이 모여 앉은 식탁은 단순히 저녁 식사를 위한 장소가 아니라, 우리의 영적인 쉼터이자 마음을 나누는 자리였다. 시계가 10시 반이 되자, 남편과 나는 딸과 함께 손을 잡고 기도로 예배를 시작했다. 따뜻한 기도의 향기가 온 집안을 가득 채웠다.

그날 성경 본문은 베드로전서 1장에서 3장까지였다. 우리는 각자 한 구절씩 돌아가며 성경 말씀을 읽기 시작했다. 말씀이 우리 입에서 나올 때마다, 마치 하나님의 음성이 우리를 감싸는 듯했다. 성경을 다 읽고 나면 늘 그렇듯이 가족마다 마음에 와닿는 구절과 그 이유를 나누었다. 그런 대화를 하다 보면 우리는 마치 신학생이 되어 신학 토론을 하는듯 했다. 요즘 유행하는 하브루타 교육을 우리 가족은 식탁에서 자연스럽게 실천하고 있었다.

하브루타 교육은 유대인들의 전통적인 교육 방식으로, 토론을 통해 지식을 쌓고 생각을 깊이 있게 발전시키는 것을 목표로 한다. 우리 가족은 매일 성경 읽기를 통해 이런 하브루타 방식의 토론을 자연스럽게 실천하고 있었다. 성경 말씀에 대한 서로의 생각과 깨달음을 나누면서 하나님 말씀을 더욱 깊이 이해했다.

베드로전서 3장 12절의 말씀이 딸의 입술을 통해 전해졌다.

"주의 눈은 의인을 향하시고 그의 귀는 의인의 간구에 기울이시되 주의 얼굴은 악행하는 자들을 대하시느니라"

이 말씀을 읽는 순간, 남편은 갑자기 확신에 찬 목소리로 시편 34장 15절을 펼쳐보라고 말했다. 그의 눈빛은 마치 무엇인가를 분명히 본 것처럼 반짝였다.

순간 나는 어리둥절했지만, 그의 말대로 성경 앞쪽에 있는 구약의 시편을 뒤적이며 찾았다. 그리고 그 구절을 읽었을 때, 우리 가족 모두는 한목소리로 탄성을 질렀다.

"여호와의 눈은 의인을 향하시고 그의 귀는 그들의 부르짖음에 기울이시는도다"

베드로전서의 말씀과 거의 똑같은 의미의 구절이 구약 시편에서 발견된 것이다. 나는 남편을 바라보며 놀라운 마음을 감출 수 없었다. 그는 그때까지 성경을 단 한 번도 읽은 적이 없었고, 신학 공부는 물론 구약성경에 대해서도 아는 것이 없었다. 그런데도 그는 마치 그 구절을 오랫동안 묵상하고 외웠던 사람처럼 정확히 알고 있었다.

"이 말씀을 어떻게 알았어?"

나는 남편에게 의아하게 생각하며 물었다.

"갑자기 하얀 바탕에 검은 글자로 시편 34장 15절이 떠올랐어."

그의 말에 나는 전율을 느꼈다. 이것은 분명 하나님께서 그에게 주신 특별한 영적인 선물이었다. 성경을 접할 기회가 나보다 적었고, 설교도 듣지 않았던 남편이 구약의 성경 말씀을 알고 있다니, 그 순간은 나에게도 하나님의 임재하심을 느낄 수 있었다.

하나님은 그분을 찾고자 하는 이들에게는 누구에게나 은혜를 주셨고, 신앙의 여정을 시작한 이들에게는 길잡이가 되어 주셨다. 남편에게 발생한 놀라운 경험이 그 증거였다. 생고구마(믿음이나 말씀이 전혀 들어갈 것 같지 않은 딱딱한 사람)나 마찬가지인 남편에게 지혜의 영을 부어 주시고 말씀을 전하는 은사를 주셔서 남편은 우리 가정의 제사장으로 그 역할을 잘 수행할 수 있었다.

우리에게 성경 읽기는 단순한 루틴이 아닌, 하나님과 친구처럼 진심으로 교제하는 것 같았다. 마치 하나님이 우리 가족과 나란히 앉아 '오늘은 성경의 어느 구절을 줄까?' 하시는 듯했다. 그 음성과 체온이 가까이 느껴질 정도로 옆에 있는 것 같았다. 우리 가족은 단순한 의무감이 아니라 하나님을 만나기 위해 한 자리로 모여들었다. 예수님이 갈릴리 호숫가를 지나가실 때, 그의 얼굴을 보고, 생생한 육성을 듣기 위해 달려 나갔던 사람들처럼.

영혼의 생명수를 마시는 성경 읽기

성경 읽기를 시작한 지 두 달 동안 우리 거실의 풍경은 전쟁터와 다름없었다. 분명 하나님의 말씀을 읽겠다고 모였는데, 말씀보다 먼저 터져 나오는 건 감정의 파편들이었다. 사소한 말 한마디에도 예민하게 반응했고, 서로의 실수에 관용보다 비난이 앞섰다. 하루의 피로는 서로를 향한 짜증으로 변했고, 기도도 하기 전에 고성이 오갔다. 성경책 앞에서 우리는 이미 마음의 문을 닫았고, 마치 싸우기 위해 예배 자리에 모인 사람들 같았다. 전쟁 같은 두 달 동안 그래도 우리는 포기하지 않았다. 매일 식탁 앞에 앉았고, 매일 싸워도 끝내 성경을 펼쳤다.

그리고 두 달이 지나자 더 이상 싸움은 일어나지 않았다. 말씀이 우리 사이에 스며들었고, 기도가 우리의 언어를 조금씩 바꾸기 시작했다. 그 시간은 하나님께서 우리를 다듬으시고 훈련시키는 광야같은 시기였다. 사탄은 끊임없이 우리를 갈라놓으려 했고, 우리는 매일 감정의 전쟁을 치렀다. 그 치열한 싸움을 통해 결국 우리 가족은 더 단단한 믿음으로 연합된 가정이 되었다. 마치 사탄도 포기한 듯, 우리 가정에는 하나님이 주시는 평안이 조용히 내려앉았다. 그 고통스럽고 혼란스러웠던 시간은 하나님께서 우리를 연단하시고 다시 세우시는 거룩한 시간이었음을 나중에야 깨달았다.

그 후에는 남편을 통해 하나님께서 우리와 말씀으로 대화하시는 듯했다. 매일 밤 가족이 모여 성경을 읽을 때마다, 하나님은 남편의 입술을 통해 놀라운 지혜의 말씀을 전해 주셨다. 말씀을 읽기 전까지 그는 성경을 제대로 펼쳐본 적도 없었고, 신학적 지식도 전무했다. 그럼에도 마치 신학을 전공한 목사처럼 말씀을 쉽게 풀어 주어, 어린 두 아이도 성경을 자연스럽게 이해하고 받아들일 수 있었다. 분명 하나님께서 그에게 주신 특별한 은사였다.

우리 가족은 성경이 어렵게 느껴져 신약부터 읽기 시작했다. 예수님의 가르침과 초기 교회의 이야기는 설교를 통해 많이 들어서 구약보다 이해하기 쉬웠다. 단순히 말씀을 교대로 읽어나갔지만, 어느 순간부터 말씀이 우리 삶을 비춰 주는 거울이 되어 있었다. 화가 나거나 억울한 일이 있을 때는 위로해 주시고 속상했던 날에는 평안을 주셨다. 잘못한 일이 있을 때는 말씀을 통해 깨닫게 하시고 회개할 마음을 주셨다. 말씀을 읽을수록 성경은 단지 오래된 기록이 아니라 우리의 삶에 깊숙이 스며 들어가고 있음을 깨달았다.

성경을 읽은 지 약 6개월쯤, 신약성경의 마지막 장을 펼치는 날이었다. 드디어 요한계시록을 읽고 신약을 완독하는 날이다. 우리는 기쁜 마음으로 요한계시록 21장과 22장을 교대로 읽기 시작했다. 마지막 장을 넘길 때, '우리가 함께하니 이 어려운 성경도 읽을 수 있구나.' 하며 성취의 기쁨을 누렸다. 특히 요한계시록 22장 1~2절 말씀에서 성령의 강력한 임재를 느낄 수 있었다.

"또 그가 수정 같이 맑은 생명수의 강을 내게 보이니 하나님과 및 어린 양의 보좌로부터 나와서 길 가운데로 흐르더라 강 좌우에 생명나무가 있어 열두 가지 열매를 맺되 달마다 그 열매를 맺고 그 나무 잎사귀들은 만국을 치료하기 위하여 있더라"

그때 남편이 다시 한번 입을 열었다.

"구약의 말씀도 찾아보자. 오늘은 두 구절을 펴보라고 하시는 것 같아."

그는 시편 1장 3절과 에스겔 47장 7절을 읽어보라고 했다. 먼저 시편 1장 3절을 세현이가 읽도록 했다.

"그는 시냇가에 심은 나무가 철을 따라 열매를 맺으며 그 잎사귀가 마르지 아니함 같으니 그가 하는 모든 일이 다 형통하리로다"

이 말씀은 요한계시록 22장의 생명수와 생명나무에 대한 이미지와 놀랍게도 연결되었다. 하나님의 말씀은 시간과 공간을 초월하여 하나의 흐름을 이루고 있었다. 마치 구약과 신약이 하나의 완전한 그림을 그리기 위해 서로 연결된 것처럼 보였다.

그리고 에스겔 47장 7절은 상재가 읽었다.

"내가 돌아가니 강 좌우편에 나무가 심히 많더라"

짧아서 그다음 구절도 계속 읽었다.

"이 강물이 이르는 곳마다 번성하는 모든 생물이 살고 또 고기가 심히 많으리니 이 물이 흘러 들어가므로 바닷물이 되살아나겠고 이 강이 이르는 각처에 모든 것이 살 것이며"

이 말씀은 생명수의 흐름을 통해 생명을 얻게 되는 모든 피조물의 회복을 강조하고 있었다. 요한계시록의 마지막 장에서 생명수의 강이 흐르고, 구약의 시편과 에스겔에서도 생명의 물이 흘러가 모든 것을 살리는 모습이 이어졌다. 이는 단순한 우연이 아니었다.

하나님께서는 이 두 구절을 통해 우리에게 특별한 메시지를 전하고 계셨다. 성경을 완독한 우리에게 '잘했다'라고 칭찬하시며, 마치 우리를 축복하는 메시지처럼 들렸다. 이제는 영적으로도 더욱 깊어지고 풍성한 삶을 살도록 격려하시는 것이었다. 하나님께서는 축복의 말씀을 통해 우리에게 생명수와 같은 성령의 은혜를 부어 주시며, 그 은혜가 우리 영혼 속에서 흘러넘쳐야 한다고 말씀하셨다.

물은 생명의 근원이다. 물이 있는 곳에는 생명이 있고 번성함이 있으며, 희망이 피어난다. 마찬가지로 하나님의 말씀은 우리 영혼의 생명수다. 말씀이 우리의 마음속에 흘러들어와야 우리 영혼이 살아날 수 있고, 우리 영혼이 살아야만 하나님을 향한 갈망이 더욱 커지며, 믿지 않는 이웃 친지에게도 복음을 전할 수 있다. 말씀이 멈추지 않고 흐를 때, 마치 강물이 흘러가 바다를 되살리듯 우리의 영혼도 다시 소생할 수 있다.

신약을 완독한 그날, 하나님께서는 생명수에 대한 말씀을 강조하시며 우리에게 복의 메시지를 전달하셨다. 요한계시록에서 시편, 그리고 에스겔로 이어지는 이 말씀들은 하나같이 생명의 물과 그로 인해 맺어지는 풍성한 열매에 대한 약속을 담고 있었다. 하나님께서는 우리에게 영원한 생명의 근원이 되어 주시며, 그분의 말씀을 통해 우리가 형통한 삶을 살아가기를 원하신다.

우리 가족은 매일 성경을 읽으며 하나님께서 부어 주시는 은혜를 더욱 사모했다. 하나님께서 주신 생명의 물이 우리 가정 안에서 끊임없이 흘러넘치기 위해 우리는 매일 밤 말씀 앞에 나아갔다. 그 생명수의 강이 우리 안에서 차고 넘치며, 하나님의 사랑이 이웃과 세상으로 퍼져나가도록 우리는 하나님의 말씀을 마음에 새기고, 그 말씀대로 살아가기로 다짐했다.

하나님의 말씀은 우리 삶을 변화시키고 모든 관계를 회복시키며, 영적인 깊이를 더해주는 생명의 강이다. 그 강물이 흘러가는 곳마다 새로운 생명이 움트고 기적이 일어나며, 형통함이 함께한다. 하나님께서는 그날 요한계시록, 시편, 그리고 에스겔의 말씀을 통해 우리에게 말씀하셨다.

"잘했다, 이제 더 큰 은혜를 기대하라."

이 말씀을 마음에 품고 우리는 앞으로도 매일 하나님의 생명수를 마시며 그 은혜 속에서 살아가기를 소망한다. 하나님은 언제나 우리와 함께하신다. 그분의 말씀을 통해, 그분의 은혜를 통해, 우리의 삶 속에서.

오른뺨 사건

"나는 너희에게 이르노니 악한 자를 대적하지 말라 누구든지 네 오른편 뺨을 치거든 왼편도 돌려대며 또 너를 고발하여 속옷을 가지고자 하는 자에게 겉옷까지도 가지게 하며"

_마태복음 5장 39절

미국은 땅이 끝도 없이 넓다. 북쪽으로는 캐나다, 남쪽으로는 키웨스트, 서쪽으로는 LA까지도 차로 갈 수 있으니, 어디든 마음만 먹으면 떠날 수 있다. 내가 사는 조지아주 애틀랜타는 미 대륙의 동남부에 있는데, 동쪽에서 서쪽 끝까지 3박 4일이면 대륙 횡단이 가능하다. 방학마다 시에나 밴에 짐을 싣고 아이들과 함께 떠나는 여행이 우리 가족의 연례행사이다.

미국은 50개 주로 이루어진 연방국가라서 갈 곳도 많고 볼거리도 넘쳐난다. 여행은 마치 벽돌깨기 게임처럼 주 하나하나를 클리어해 나가는 기분이다. 장거리 여행에서는 밴이 곧 이동식 숙소다. 좌석 등받이를 완전히 젖히고 매트를 깔고 이불까지 펴면 아이들은 누워서 게임하다 잠이 들기도 한다. 간식과 음료와 과일을 기본으로 싣고 하루 8시간씩 운전할 각오로 길을 나선다.

첫 장거리 여행지는 애틀랜타에서 8시간 거리인 플로리다 올랜도였다. 중간에 잭슨빌에서 하루 묵기로 했다. 그때만 해도 6시간 운전이 체력의 한계인 줄 알았다. 미국 고속도로의 휴게소는 한국과는 전혀 다르다. 편의점과 음식점이 없다. 그냥 화장실과 주차장만 있는 정도다. 위험하니 가능하면 들르지 말라는 조언까지 들었다. 대신 고속도로 출구 근처에는 언제나 호텔, 주유소, 맥도날드, 스타벅스가 즐비하다. 깨끗한 화장실은 그곳에서 해결하면 된다.

그날도 아이들은 단잠을 자고 일어난 후 화장실이 급했다. 딸은 귀찮다고 버티는데, 아들이 음료수를 미끼로 함께 나가자고 꼬드긴다. 둘은 늘 그렇듯 툭탁거리며 나갔다. 사춘기 특유의 넘치는 에너지는 도저히 가만히 있질 못한다. 서로 발로 차고 손으로 치며 뭔가를 자꾸 건드리는 통에 차 안은 늘 전쟁터가 되었다.

한바탕 소란을 피운 후, 남은 두 시간을 게임으로 달랬다. 둘이 '참참참' 게임을 하다가, 그만 아들이 실수로 여동생의 뺨을 치고 말았다. 억울한 듯 딸이 외친다.

"뭐야! 내 뺨을 때렸어? 그래, 이쪽도 때려봐!"

왼쪽 뺨까지 내미는 통 큰 반응엔 우리 모두 웃음이 터졌다. 우리는 날이 저물어 잭슨빌에 도착해 저녁을 먹고 늘 하던 대로 성경을 읽기 시작했다. 마태복음이었다. 그런데… 말씀을 읽는 순간 우리 모두 얼어붙었다.

"또 눈은 눈으로, 이는 이로 갚으라 하였다는 것을 너희가 들었으나 나는 너희에게 이르노니 악한 자를 대적하지 말라 누구든지 네 오른편 뺨을 치거든 왼편도 돌려 대며 또 너를 고발하여 속옷을 가지고자 하는 자에게 겉옷까지도 가지게 하며 또 누구든지 너로 억지로 오 리를 가게 하거든 그 사람과 십 리를 동행하고 네게 구하는 자에게 주며

5장 성경을 통해 기적을 경험하다

네게 꾸고자 하는 자에게 거절하지 말라"

_마태복음 5장 38~42절

이런 우연이 있을까! 낮에 아이들이 한 장면이 성경 말씀 속에서 그대로 펼쳐지고 있었다. 딸아이는 깜짝 놀라며 외쳤다.

"헐! 나 맥도날드 가기 싫었는데 오빠가 가자고 해서 억지로 따라갔잖아. '오 리를 같이 가거든 십 리를 동행하라'는 말씀처럼 행동했네. 나 진짜 말씀대로 살았어!"

아들은 웃기면서도 내심 놀란 듯 능청스럽게 말했다.

"내가 일부러 뺨을 쳐 본 거야. 네가 왼뺨도 들이대는지 시험해 보려고."

나는 웃으면서도 감탄하지 않을 수 없었다.

"너희가 하도 싸우니까 하나님께서 성경으로 직접 알려 주시잖아. 오빠가 때려도 왜 때렸냐고 하지 않고, '이쪽도 때려.' 하고 말한 건 성경 말씀대로 산 거네. 세현이는 오늘 말씀을 그대로 실천했구나!"

그날 저녁, 우리는 모두 깔깔 웃으면서도 놀라움을 감추지 못했다. 아이들의 장난이 그날 읽은 말씀과 이렇게

매일밤 10시 30분의 기적

정확히 연결될 줄은 미처 몰랐다. 우연이라고 하기엔 너무 기막혔다. 성경은 단순한 옛 이야기책이 아니었다. 그날, 하나님은 눈에 보이지 않아도 우리와 항상 함께 계시고, 오늘도 살아 역사하시는 분임을 아주 구체적이고 생생하게 말씀하셨다.

개기일식

"이사야가 이르되 여호와께서 하신 말씀을 응하게 하실 일에 대하여 여호와께로부터 왕에게 한 징표가 임하리이다 해 그림자가 십도를 나아갈 것이니이까 혹 십도를 물러갈 것이니이까 하니 히스기야가 대답하되 그림자가 십도를 나아가기는 쉬우니 그리할 것이 아니라 십도가 뒤로 물러갈 것이니이다 하니라 선지자 이사야가 여호와께 간구하매 아하스의 해시계 위에 나아갔던 해 그림자를 십도 뒤로 물러가게 하셨더라"

_열왕기하 20장 9~11절

성경은 고대의 종교 문헌이 아닌, 지금도 우리 현실에 역사하는 살아 계신 하나님의 말씀이다. 매일 성경을 읽는 습관 속에서 이 사실은 반복적으로 증명된다. 성경에 기록된 사건은 과거의 이스라엘에서만 일어난 특별한 이야기가 아니라, 현재를 살아가는 우리 삶 속에서도 유사한 방식으로 재현되곤 한다. 때로는 낮에 있었던 일이 저녁에 읽는 말씀 속에 반영되어 있고, 또 때로는 말씀을 통해 앞으로 벌어질 일을 미리 예언 받는 경험을 하기도 한다.

2017년 8월 21일은 미국 전역이 들썩였던 날이다. 백 년 만에 대륙 전체에서 관측된 개기일식이 있었기 때문이다. 이날 개기일식의 궤적이 오리건주에서 시작해 사우스캐롤라이나까지 14개 주를 가로질렀다.

개기일식은 과학적으로는 태양, 달, 지구가 정확히 일직선에 놓이며 달이 태양을 완전히 가리는 현상으로, 나사는 이를 '천문학의 슈퍼볼'이라 불렀다. 개기일식은 미 전역에서 대대적인 관심이 쏠렸고, 뉴스에서는 종일 하늘을 바라보는 사람들의 모습이 보도되었다.

그날 나는 카페에서 커피를 마시다가 잠시 밖으로 나와 이 신비로운 광경을 눈에 담았다. 아이들도 학교에서 특수

안경을 쓰고 운동장에서 일식을 관찰했다고 전했다. 평생 한 번 볼까 말까 한 우주쇼를, 우리 가족 모두가 다른 공간에서 역사적인 순간을 동시에 체험한 셈이다.

성경을 읽기 전에 우리는 평소와 같이 낮에 있었던 이야기를 나누던 중 개기일식에 관한 이야기를 했다. 달이 태양을 삼켜 온 세상이 정전된 것처럼 잠시 빛이 없는 경험을 한 것은 흔치 않은 일이었다. 이야기를 마치고 돌아가며 성경을 몇 장씩 읽다 보니 히스기야 왕이 병들어 죽을 위기에 처한 이야기가 나왔다.

히스기야는 벽을 향해 눈물로 기도하였고, 하나님은 그의 생명을 15년 연장해 주셨다. 그리고 그 징표로 해 그림자가 뒤로 십도 물러가는 표적을 주셨다. 그 순간, 우리 가족은 서로를 바라보며 동공 지진을 확인했다. 바로 그날, 온 나라가 해와 달, 그림자와 빛의 이야기로 가득한 날이었기 때문이다. 우리가 읽은 말씀이 개기일식이라는 시공간적 맥락과 정확히 맞아떨어진 것이다.

이 또한 우연이라고 치부하기엔 너무 정확한 사건이었다. 성경은 과거의 일을 기록한 역사서이기도 하지만, 하나님께서 지금도 우리 삶 가운데 말씀하시는 도구이기도 하다. 하나님은 일상의 흐름과 말씀의 내용이 정교하게 연결되도록 하심으로써 그분의 현존을 보여 주신다.

매일 성경을 읽다 보니 수천 년 전에 일어난 역사적 사건이 현재 진행형처럼 느껴졌다. 과거 이스라엘에서 일어난 하나님의 역사는 현재를 살아가는 우리에게도 동일하게 유효하다. 오늘날 인공지능과 우주 과학이 발전한 시대에도, 하나님은 동일한 방식으로 우리에게 말씀하시며 삶의 세밀한 부분까지 관여하신다.

성경은 고대의 사건을 기록한 역사책이 아니다. 지금 이 순간, 살아 숨 쉬고 우리의 삶에 깊숙이 영향력을 미치는 생명의 말씀이다. 그것은 일상의 사건 속에서 스스로 증명하며, 우리가 하나님의 음성을 듣는 창이 된다. 말씀은 단절된 과거가 아니라, 현재의 해석자이며, 미래를 준비하게 하는 길잡이이다. 내일은 어떤 말씀이 우리 삶과 교차할지 기대하는 마음으로 다시 성경을 펼치게 된다.

"낮도 주의 것이요 밤도 주의 것이라 주께서 빛과 해를 마련하셨으며"

_시편 74장 16절

아버지 장례식

2015년 4월 12일, 아버지는 팔순이 지난 당신 생일 이틀 후에 돌아가셨다. 팔순 잔치는커녕 돌아가시기 전 약 1년 반 동안 요양원에 계셨다. 폐렴으로 병원에 입원하시고 한 달 넘게 중환자실에서 산소 호흡기를 달고 계셨다. 증세가 점점 심해져 목에 관을 뚫고 연명장치를 다셨다. 식사도 못 해서 삽입관을 통해 유동식을 넣어드렸다.

큰오빠로부터 전화가 왔다.

"아버지가 사실 날이 얼마 안 남은 것 같다고 하네. 한국에 한 번 왔다 가는 게 좋을 것 같아."

마침 4월 첫 주는 일주일간 아이들 봄방학 기간이었

다. 열흘의 시간을 두고 부랴부랴 티켓을 끊고 한국에 갔다. 온 식구가 다 가기에는 항공권이 천만 원이 넘었다. 일단 내가 대표로 가서 아버지 상황을 보고 오기로 했다. 화요일 밤에 도착하고 다음 날 아버지를 면회했다. 중환자실 면회는 하루 두 번, 단 10분만 가능했다. 몇 년 만에 마주한 아버지는 뼈만 앙상히 남아 완전히 다른 사람으로 변해 알아볼 수가 없었다. 중환자실에서 목에는 연명장치를, 입에는 인공호흡기를 달고 있어 말도 못 하고 눈만 껌벅이셨다. 내가 나타나자 아버지의 눈동자가 흔들리셨다.

"아버지, 저를 알아보시겠어요?" 하고 묻자, 아버지는 까만 눈만 껌벅이셨다. 그런데 몇 년 만에 본 막내딸이 반가워서 그런지 아버지의 상태는 면회 후에 갑자기 호전되셨다. 폐활량이 좋아져 의사가 호흡기를 떼도 좋다고 허락한 것이다. 비록 거동은 못 하시지만 더 이상 연명장치 없이 자가 호흡할 수 있어서 중환자실을 나오고 퇴원할 수 있었다. 내가 면회한 날은 수요일 아침이었고, 아버지는 금요일에 퇴원하셨다.

80세가 넘은 노인이 폐 사진을 찍으니 갑자기 좋아졌다고 의사가 기적이 일어났다고 했다. 아버지와 같은 중증 노인 환자를 받아주는 요양병원을 수소문해서 찾은 후 구급차로 이동했다. 천안 순천향병원에서 오산 요양병원으로 옮길 때 내가 아버지 보호자가 되어 간호사와 함께 구급차에 탔다. 그제야 가죽만 남은 얇디얇은 아버지 손이 눈에 들어왔다.

살면서 아버지 손을 잡아 본 적이 언제였나? 어렸을 때 말고 결혼식장에 손잡고 들어간 이후 아마 처음인 것 같았다. 아버지를 요양병원에 입원시키고 우리 형제들은 안도의 한숨을 내쉬며, 아버지는 그곳에서 전문 요양사들의 보호 아래 잘 지내시기만 하면 된다고 믿었다.

그런데 토요일 하루 지나고 다음 날 일요일 아침 아버지는 주무시면서 그냥 그렇게 홀연히 떠나셨다. 의사가 나이 많은 어르신의 폐가 이렇게 회복되다니 기적이 발생했다고 했는데 퇴원시킨 후 만 이틀도 채 안 되어 돌아가셨다.

어떻게 이렇게 갑작스럽게 돌아가실 수가 있지? 이해가 안 갔지만 한편으론 아버지는 '막내딸이 보고 싶었구나'라는 생각이 들었다. 아버지 손을 꼭 잡고 구급차에서 눈으로 말없이 이야기한 그 시간을 아버지는 나에게 선물해 주고 가셨다.

아버지는 내가 미국에 살면서 자주 볼 수 없었던 미안함과 송구스러운 맘을 그 시간으로 씻겨 주셨다. 몇 년이라는 양적인 숫자의 크로노스의 시간은 서로의 마음이 통한 그 한 시간을 이길 수 없었다. 아버지 손을 잡고 계속 기도를 한 그 순간은 내가 아버지를 위한 시간이 아니라 아버지가 나에게 선물을 주고 간 매우 특별하고 의미 있는 카이로스의 시간이었다는 것을 돌아가시고 나서야 깨달았다.

아버지가 돌아가신 시간은 한국의 일요일 오전이었고 미국은 토요일 저녁이었다. 내가 없어도 가족 성경 읽기는 계속되었다. 아이들과 남편은 매일 성경을 읽는데 그날 읽은 말씀이 예레미야였다. 아버지가 돌아가셨다는 전화를 받고 남편은 '항공권이 아무리 비싸도 한국에 갔어야 했는데!' 하는 미안한 마음과 안타까움과 불효한 생각에 속상했다고 한다. 하나님께서는 남편의 마음을 아셨는지 그날 읽은 말씀이 예레미야 22장 10절이었다.

"너희는 죽은 자를 위하여 울지 말며 그를 위하여 애통하지 말고 잡혀간 자를 위하여 슬피 울라 그는 다시 돌아와 그 고국을 보지 못할 것임이라"

아버지가 돌아가신 날, 마치 영화의 한 대본처럼 어떻게 저런 말씀이 나오는지 이것은 하나님이 살아계셔서 지금 우리의 형편과 마음을 아신다는 말밖에 할 수 없었다. 늘 평상시대로 성경을 읽었는데 짜고 치는 고스톱도 아니고 아버지가 돌아가신 날 저 말씀을 읽을 확률이 얼마나 될까? 하나님은 늘 우리와 함께 계셨다. 그리고 말씀으로 우리에게 당신의 존재를 알리셨다. 장인어른과 할아버지의 장례에 함께 못하는 사위와 손주들을 위한 위로의 말씀을 이렇게 전하신 것이었다.

매일 성경을 읽으면 말씀으로 기적을 체험한다. 그날의 사건에 맞는 위로의 말씀이 나온다. 아직 하나님을 영적으로 체험하지 못한 아이들도 소스라치게 놀랐다고 한다. 날마다 우리의 상황과 형편에 맞는 말씀을 읽을 수 있다는 것이 놀라울 뿐이다. 성경을 읽으면서 깨달았다. 우리가 말씀을 읽는 것이 아니라 하나님이 우리에게 말씀을 주신다는 것을.

드레스덴 공학박사

"사람이 마음으로 자기의 길을 계획할지라도 그의 걸음을
인도하시는 이는 여호와시니라"

_잠언 16장 9절

"이르되 이스라엘의 하나님 여호와여 천지에 주와 같은 신
이 없나이다 주께서는 온 마음으로 주의 앞에서 행하는 주
의 종들에게 언약을 지키시고 은혜를 베푸시나이다"

_역대하 6장 14절

같은 성경 구절이라도 상황과 형편에 따라 마음에 새겨지는 감동의 깊이는 다르다. 잠언 16장 9절 말씀은 우리가 대만에 갈 때, 대만에서 한국 갈 때, 또 미국으로 이민 갈 때 하나님께서 나에게 주신 말씀이다. 그런데 남편이 독일에 가서 박사학위 받는 날 아침 성경을 읽을 때도 같은 말씀이 나왔다.

남편이 미국으로 유학 가겠다는 결심을 하고 실행에 옮기자 하나님께서는 남편에게 교수라는 새로운 직책을 주면서 우리 가족이 미국에서 잘 정착할 수 있도록 토대를 마련해 주셨다. 학위 없이 미국의 공과대학 중 5위 안에 들어가는 명문대에서 학생들을 가르칠 기회를 주셨다.

하지만 학교에서 더 성장하고 지속적인 연구와 발전을 위해서는 박사학위가 필요했다. 조지아텍에서 박사학위를 받으려면 1년 동안 학생full year student으로 있어야 하는 자격 조건이 있었다. 남편은 고민 끝에 학생 신분으로 돌아가는 대신 교수하면서 받았던 크레딧credit과 마지막 논문 심사를 포기하고 그를 필요로 하는 회사로 다시 돌아가기로 했다. 훗날 남편은 이렇게 전했다.

하나님께서는 때와 장소에 따라 돕는 자를 적재적소에 배치해 주셨다. 그동안 일했던 내 연구실은 독일에서 온 교환 교수가 사용하게 되었다. 학교 마지막 날, 동료들에게 인사하러 가면서 내가 썼던 방을 둘러볼 겸 연구실을 노크했다. 이미 문 앞에는 새로 온 교수 이름으로 문패가 바뀌었다. 첫인사를 했지만 만나자마자 헤어지는 인사였다. 그 교수는 은퇴하기 전 미국에서 살아보기 위해 안식년으로 온 교환 교수였다. 드레스덴 공과대학에서 학과장도 하시고 총장까지 지낸 세계적으로 유명한 노교수로, 전자공학 분야에서 그가 쓴 책이 대학교 교재로도 쓰이고, 전 세계 유명한 반도체 기업들과 함께 공동연구도 한 권위자였다. 그와 잠시 이야기를 나누면서 내가 안타깝게 박사학위를 포기한다는 것을 알게 된 교수는 나에게 독일 드레스덴 공과대학에 지원해 보라고 조언했다.

남편의 박사과정은 완전히 새로운 전환점을 맞이했다. 남편은 회사를 다니며 조지아텍의 실험실에서 박사논문을 연구했다. 그는 미국에 왔던 본래의 목적을 하나씩 이루어 나갔다. 약 2년간 연구하고 준비한 끝에, 마침내

173

논문 심사와 졸업식을 하기 위해 독일로 가야 했다. 그동안 이메일과 온라인으로 만났던 교수들을 직접 대면하고 사람들 앞에서 논문 발표인 디펜스defence를 한 다음 거기에서 통과되어야 학위를 딸 수 있는 것이다.

그러나 우리에게는 가장 커다란 장벽이 있었다. 당시 영주권을 신청한 상태라서 미국을 떠나 다른 나라로 갈 수가 없었다. 영주권이 나오기 전에는 '해외여행 허가서 advance parole'가 있어야 해외로 나갈 수 있었다. 그런데 영주권은커녕 아직 여행허가서도 안 나온 상태였다. 박사 학위를 따기 위해 독일에 가야 하는 남편은 논문 발표 날짜는 점점 다가오는데 할 수 있는 것이 아무것도 없었다. 매일 성경을 읽으며 영주권과 여행허가서만 나오길 기도했다.

그러던 어느 날, 더 이상 집에서 기도만 할 수 없었다. 나는 어디서 그런 담대함이 나왔는지 직접 이민국에 가기로 마음먹고 예약한 비행기 티켓과 졸업 논문과 박사 디펜스 초대장을 프린트해서 미국 이민국USCIS:U.S Citizenship and Immigration Services에 예약도 없이 갔다. 그곳은 미국 이민 관련 및 신분과 출입국을 관리하는 정부 기관으로 반드시 예약하고 가야 하는 곳이다. 예약 없이 가는 것은 우리나라 미국 대사관에 예약 없이 비자 인터뷰하러 방문하는 것과 다름없었다.

무모한 도전이었지만 기도하며 담대한 마음으로 갔다. 가서 모든 서류를 보여 주며 여행허가증을 달라고 호소하고 싶었다. 번호표를 뽑고 기다렸다. 예약 없이 갔기 때문에 무조건 기다려야 했다. 한참을 기다리고 있으니 그곳에서 이민국 직원을 만날 수 있는 번호표를 다시 줬다. 오전에 갔는데 반나절의 기다림 끝에 미 대사관의 비자 인터뷰처럼 이민국 직원에게 현재 상황을 알려 주고 독일에 반드시 가야 하는 이유를 설명했다. 친절한 여자 직원이 지금은 거의 일이 다 끝나는 상황이라서 미안하지만 내일 다시 오면 도와주겠다고 약속했다.

다음 날, 출장 중인 남편에게 아틀란타 공항 도착하면 곧 바로 이민국으로 직접 오라고 하고, 나는 모든 서류를 가지고 다시 이민국에 갔다. 아침 일찍부터 기쁜 맘으로 도착해서 어제와 똑같은 일을 했다. 검색대에서 가방과 몸 검사를 하고 직원을 만나기 위한 번호표를 뽑고 기다렸다.

그런데 어제는 번호표를 뽑고 기다린 후 상담직원과 이야기했는데 오늘은 예약도 없이 그냥 왔다고 하니까 안 된다고 단칼에 거절당했다. 규정대로 온라인으로 예약하고 오라는 것이다. 직원을 만나서 호소해야 하는데 직원을 만날 수 있는 일이 입구에서 차단되었다. 절망적인 상황이었다. 마침 공항에 도착한 남편한테 전화했다.

"나는 잘렸으니까, 당신이 직접 와서 다시 말해봐. 어제랑 말이 다르네. 나는 안 된대. 갈 사람은 자기니까 자기가 해봐." 하고 말했다. 남편이 올 때까지 이민국의 구석에서 내가 할 수 있는 일은 기도뿐이었다.

'남편이 독일에 갈 수 있다면 이 모든 일은 하나님께서 하시는 일입니다. 주께서 역사하시고 그 길을 열어 주시옵소서.'

드디어 남편이 도착했다. 나는 직원을 바로 만날 수 있도록 남편의 번호표를 뽑고 대기하고 있었다. 비록 거절 당했지만 가야 할 사람은 남편이니 한 번 더 기회가 있다고 생각했다. 남편은 번호표를 받고 대기하다가 창구 직원에게 간절하게 말해서 안에 들어갈 수 있는 번호표를 어제의 나처럼 받을 수 있었다. '할렐루야'였다. 마치 번호표가 천국행 티켓처럼 여겨졌다.

몇 시간의 기다림 끝에 남편은 독일에 가야 하는 이유를 생명의 동아줄을 붙잡는 심정으로 공무원에게 설명했다. 직원에게 우리는 여행허가서를 달라고 하는 수많은 이민자 중의 하나일 뿐이었다. 그가 여행허가서를 주지 않으면 우리는 집에 가서 우편 메일로 올 때까지 기다려야 했다.

그 직원은 "미국에 온 지 얼마나 되었냐?, 하는 일은 뭐냐?, 독일에 왜 가냐?" 등등 이것저것 물어보더니 마침내 단수 여행허가서를 내주었다. 남편은 계속해서 "혹시 우리 아내도 함께 졸업식에 참여해야 하는데 같이 주면 안 되겠냐?"라고 물어봤다. 직원은 내 얼굴을 한 번 보더니 웃으면서 내 것까지 여행허가서를 주었다. 다시 한번 할렐루야! 하나님께서 우리의 기도를 들어주시고 직원의 마음을 열어 주셨다.

돌이켜 보면, 이 모든 과정은 하나님의 치밀한 계획과 무조건 부어 주시는 은혜였다. 내가 처음부터 여행허가서를 받았다면 그것은 내 힘으로 내가 받은 결과물이었지만, 하나님께서 직접 일하시고 역사하는 것을 보여 주시려고 나는 옆에서 기도하게 하고 남편이 인터뷰해서 여행허가서를 받아낸 것이다. 남편이 독일에 갈 수 있었던 것도, 박사학위를 받을 수 있었던 것도, 모두 하나님의 손길이 있었기에 가능했다.

우리는 하나님의 때에 하나님의 방법으로 하나하나 길이 열리는 것을 목격하고 직접 경험했다. 하나님은 약속을 지키시는 분이시고, 우리의 삶 속에서 그 약속이 이루어지는 것을 보게 하셨다. 하나님은 사막 한가운데서도 길을 내시고 광야 한복판에서도 물길을 내시는 분이시다.

우리가 간절히 기도할 때, 천지를 창조하신 그분께서 우리의 길을 열어 주셨고, 남편이 독일에 가서 박사학위를 받을 수 있도록 모든 상황을 주관해 주셨다. 하나님의 계획 속에 우리는 기도하고, 그분의 일하심을 믿으며 그 길을 걸어갔다. 이것이 바로 하나님께서 우리에게 보여 주신 기적이었다.

이민자의 필수품 영주권

"내 영혼아 네가 어찌하여 낙심하며 어찌하여 내 속에서
불안해 하는가 너는 하나님께 소망을 두라 그가 나타나 도
우심으로 말미암아 내가 여전히 찬송하리로다"

_시편 42장 5절

　남편이 학교를 그만두고 회사에 들어가면서 우리 가
족은 영주권을 신청했다. 큰애가 곧 대학교 입학을 앞둔
시점이라 영주권이 빨리 나와야 하는 상황이었다. 미국
에서는 영주권자나 시민권자만이 대학 입학하기 전, 연
방정부 학자금 보조 신청서FAFSA: Free Application for Federal

Student Aid를 신청하고 연방정부와 주정부에서 지원하는 재정 보조를 받을 수 있기 때문이다.

외국인 신분이면 학비를 전부 자비로 충당해야 한다. 미국 대학 학비는 대략 7만 불이고 생활비까지 합하면 10만 불의 비용이 든다. 1년에 약 1억 3천이고 4년이면 6억 원이 드는 셈이다. 집 한 채 값이다. 그래서 반드시 아이가 대학교 들어가기 전에 영주권이 나와야 했다.

미국에서 영주권을 받는 방법은 크게 네 가지가 있다. 직계 가족을 통한 가족 초청이민이 있고, 취업이민, 종교이민, 투자이민이다. 남편은 취업이민을 신청했다. 대기업이 후원해 주는 취업이민은 보통 빠르면 2개월 늦어도 6개월 안에 영주권이 나온다고 했다. 우리는 서류를 신청하고 마음 편히 기다렸다. 서류를 접수했으니, 시간이 지나면 영주권이 당연히 나오리라 기대하였다.

영주권을 접수한 후에 해외로 출국하려면 반드시 해외 여행허가서를 같이 신청해야 한다. 해외 여행허가서 없이 미국을 떠나게 되면 이민국에서는 영주권 신청을 포기한 것으로 간주하여 신청서를 기각시킨다.

그런데 예상과 달리 늦어도 6개월이면 나올 줄 알았

던 영주권이 1년이 지나도 나오질 않았다. 서류 접수 후 1년이 지났고 그사이 2017년에 대통령이 오바마에서 트럼프로 바뀌었다. 트럼프로 바뀌면서 이민법이 전면 개편되었다. 미국에 이민 오는 사람들을 제한하는 반이민법이 실행되어 많은 불법체류자를 추방하고 모든 영주권 서류 심사가 전면 중단되었다. 그것 때문에 우리의 영주권 심사도 중단되었다. 미국 이민국 홈페이지에 들어가서 접수 번호를 입력하면 '보류 중'이라는 메시지만 떴다.

그사이 큰애는 영주권 없이 대학에 들어갔다. 학비도 비자 신분이라서 전액을 다 냈다. 우리 가족에게는 재정적으로 아주 큰 부담이었다. 매일 성경 읽을 때마다 '영주권이 빨리 나오게 해 주세요'라고 온 식구가 간절히 기도했다. 주변 분들에게도 기도 부탁을 했다.

미국에 살면서 제일 중요한 것은 신분이다. 신분이 해결되지 않으면 취업도, 세금 보고도 어렵고 각종 정부 혜택도 받을 수 없다. 불법체류자는 차별과 노동착취 및 임금을 받지 못하는 부당한 대우를 받더라도 항의조차 할수 없다. 교회에서도 신분 문제 해결을 위한 기도 요청이 가장 많다.

우리 가족도 매일 성경을 읽으면서 영주권을 위해 기도했다. 하지만 응답은 없었다. 우리의 기도는 도대체 언제쯤 이루어질지 '쇠귀의 경 읽기' 같다는 생각이 들면서 낙심하고 실망하였다. 우리의 기도가 정말 하나님께 닿고 있는지 의구심마저 들었지만, 기도 외에는 아무것도 할 수 없는 상황이었다. 기도만이 우리의 유일한 희망이자 버팀목이었다.

그렇게 지친 마음으로 보내던 3월 어느 날이었다. 남편이 회사 일로 조지아주 하원의원을 만날 기회가 생겼다고 하면서 다음과 같이 말했다.

"사업 이야기를 나누던 중, 하원의원이 도움이 필요하면 무엇이든 말하라고 하는 거야. 그래서 용기를 내어 우리 가족의 영주권 상황을 이야기하면서 신청한 지 2년이 다 되어가는데 아직도 처리되지 않았다고 설명했지. 하원의원은 내 말을 듣더니 즉시 확인하겠다고 약속하고 갔어. 그런데 놀랍게도 다음 날, 하원의원의 비서로부터 전화가 걸려 와 영주권 접수 번호를 알려 달라고 했어."

그러자 멈춰 있던 서류가 바로 처리되어 영주권이 승인되는 놀라운 일이 일어났다. 그로부터 일주일 후, 영주권이 우편으로 날라와서 모두의 기도 제목이었던 그린카드를 손으로 맛보는 기적을 체험했다. 우리는 이 일로 하나님께서 사람을 통해서 일하신다는 사실을 뼈저리게 깨달았다. '우리가 절망할 때 하나님께서는 만날 사람을 만나게 하시고, 낙심할 때 말씀을 통해 위로해 주셨다는 것을.'

남편이 하원의원을 만났던 그날 저녁, 우리의 성경 읽기는 "내 영혼아 네가 어찌하여 낙심하며 어찌하여 내 속에서 불안해 하는가 너는 하나님께 소망을 두라 그가 나타나 도우심으로 말미암아 내가 여전히 찬송하리로다"라는 말씀이었다.

하나님께서는 말씀으로 위로하고 사람을 통해 일하셨다. 우리의 기도는 결코 헛된 염불이 아니었다. 2년 만에 그토록 기다리던 영주권을 손에 쥐었을 때, 하나님의 완벽한 타이밍과 놀라운 방법에 감격하며 우리 가족의 믿음은 더욱 깊어졌다.

기적의 연방정부 학자금 보조

미국의 학사 일정은 한국과 다르다. 대부분의 학교가 8월이나 9월에 시작해서 다음 해 5월 초에 마무리된다. 졸업식도 5월이나 6월 초에 열리고, 학생들은 그제야 긴 여름방학에 들어간다. 이런 시스템에서 대학 재정 보조 신청 시기는 매우 중요하다.

우리 가족에게는 절실한 기도 제목이었던 영주권이 나와서 너무 감사했다. 하지만 문제는 영주권이 우리가 예상했던 시기보다 훨씬 늦게 나왔다는 점이었다. 학기가 거의 끝나가던 3월 말에 드디어 나온 것이다.

연방정부 학자금 보조 신청서는 원칙적으로 새 학년

이 시작하기 전 미리 접수해야 한다. 통상적으로 10월부터 신청이 시작되어 다음 해 3월까지 접수를 받는다. 하지만 이는 어디까지나 원칙이고, 실제로는 가능한 한 빨리 신청하는 것이 유리하다. 보조금은 한정되어 있고, 선착순으로 배정되는 경우가 많기 때문이다.

3월 말에 신청한다는 것은 마라톤 경주에서 다른 선수들이 거의 결승선에 도달했을 때 출발하는 것과 같았다. 재정 보조 전문 컨설팅 업체에서도 "이 시점에서 의미 있는 보조금을 받을 가능성은 거의 희박하다"고 솔직하게 말했다.

기도로 마음을 준비한 후, 우리는 행동에 나섰다. 먼저 우리의 특수한 상황을 상세히 설명하는 편지를 작성했다. 영주권이 늦게 나온 이유, 그로 인해 재정 보조 신청이 지연된 경위, 그리고 우리 가족의 재정 상황을 솔직하게 기술했다.

아이는 용기를 내어 학교 재정 보조 사무실을 직접 찾아갔다. 담당자와 면담하며 우리의 상황을 설명하고 도움을 요청했다. 그리고 마침내 영주권 카드 번호를 입력해 연방정부 학자금 보조 신청서를 제출했다. 결과가 어떻게 나올지는 아무도 몰랐다. 하지만 시도하지 않으면 가능성은 제로였다. 우리에게는 도전할 권리와 의무가 있었다.

인생은 끊임없는 기도 제목의 연속이다. 하나의 문제가 해결되면 또 다른 과제가 기다리고 있다. 우리의 삶은 하나님의 도움과 인도하심 없이는 하루도 온전히 살아갈 수 없다. 처음 영주권을 신청할 때 우리에게는 1년 반이라는 시간이 있었다. 충분하다고 생각했다. 하지만 인생은 우리의 계획대로 흘러가지 않았다.

살다 보면 예상치 못한 변수들이 지속적으로 발생한다. 정치적 변화, 정책 변경, 개인적 상황의 변화 등 우리가 통제할 수 없는 요소들이 삶에 큰 영향을 미친다. 그럼에도 이런 과정들을 하나씩 헤쳐나가는 것이 우리 인생의 진정한 이야기가 되고 삶의 역사가 된다.

영주권을 받고 재정 보조를 신청한 후, 우리는 매일 기도했다. 아침에 일어나서도, 저녁 성경 읽기 시간에도 이 문제를 놓고 간구했다. 아이들과 함께 '하나님, 서류가 통과되어 조금이라도 재정 보조를 받을 수 있게 해 주세요'라고 기도했다.

2주 후, 우리가 상상하지도 못했던 일이 일어났다. 학교에서 연락이 왔다. 2학기 학비로 이미 납부했던 3만 5천 달러를 전액 환급해 준다는 내용이었다. 단순한 환급이 아니었다. 연방정부 재정 보조가 소급 적용되어 우리가 낸 학비를 대신 지원해 준다는 뜻이었다.

그 순간 우리 가족은 모두 말을 잃었다. 3만 5천 달러라는 거액이 통장에 다시 들어와서 그 돈을 2학년 학비로 사용할 수 있다는 점이었다. 우리 가정의 재정 상황이 한순간에 숨통이 트인 것이다. 인간의 상식으로는 불가능했던 일이었다. 학기가 거의 끝나가는 시점에 재정 보조를 신청해서 이미 낸 학비까지 돌려받는다는 것은 전례를 찾기 어려운 일이었다. 하지만 하나님의 뜻 안에서는 불가능한 일이 없었다.

성경을 읽는다고 해서 삶이 항상 순탄하게 흘러가는 것은 아니다. 오히려 매 순간 새로운 기도 제목이 생기고, 새로운 도전에 직면하게 된다. 그 과정에서 우리가 기도했던 일들이 어떻게 해결되고, 하나님의 관점에서 어떻게 성취되는지를 아이들과 함께 지켜보는 것이 우리의 일상이 되었다. 기도를 통해 인생의 문제들이 해결되는 과정을 목격하는 것은 그 어떤 교육보다 생생하고 실제적이었다. 이것이 바로 우리 믿음이 조금씩 성장해 가는 여정이었다.

삶의 어려움에 부딪힐 때마다 낙담하고 절망하는 대신, 그것을 가지고 예배하고 기도할 때 놀라운 일들이 일어났다. 하나님의 때에, 하나님의 방식으로 문제들이 하나씩 해결되는 것을 반복적으로 경험했다. 그럴 때마다 하나님이 살아 계시고, 우리의 기도에 응답하신다는 사실을 새롭게 확인할 수 있었다.

매일 기도하며 성경을 읽는 과정에서 깨달은 것이 있다. 바로 '하나님의 때를 기다리라'는 것이었다. 믿음의 본질은 기다림이다. 확신 없는 기다림이 아니라, 반드시 응답해 주실 것이라는 확신을 가진 기다림이다. 우리는 아이들과 함께 말씀을 읽으며 2년 동안 영주권이 나오지 않아도 '하나님께서 언젠가 우리의 기도를 들어주실 것이다'라는 믿음으로 기다렸다.

물론 쉽지 않은 시간이었다. 때로는 실망하고 낙담했다. '정말 영주권이 나올까?', '우리가 잘못 생각하고 있는 것은 아닐까?' 하는 의심이 들기도 했다. 하지만 그런 순간마다 다시 무릎을 꿇고 기도했다. 그리고 성경을 펼쳐 하나님의 약속들을 다시 확인했다.

결국 하나님의 때에 영주권을 받을 수 있었다. 영주권이 반드시 나올 것이라는 확신을 품고 기다린 그 시간들이 바로 믿음의 여정이었다. 인간의 생각으로는 불가능해 보이는 일들이 하나님의 때에 이루어지는 것을 목격하면서, 우리의 믿음도 함께 성장했다.

지금 우리는 매일 저녁 '할렐루야' 감사기도를 드린다. 하루하루가 기적으로 채워지고 있다는 고백이다. 큰 기적만이 기적이 아니다. 아침에 건강하게 눈을 뜨는 것, 가족이 함께 식사할 수 있는 것, 아이들이 학교에서 무사히 돌아오는 것, 이 모든 일상적인 일들이 사실은 하나님의 은혜요, 기적이다.

인생은 기도의 연속이고, 기도는 기적의 시작이다. 우리의 기도는 오늘도 계속되고 있다.

자궁근종 수술과 치유의 은혜

"이것이 주의 손이 하신 일인 줄을 그들이 알게 하소서 주
여호와께서 이를 행하셨나이다"

_시편 109장 27절

2014년 11월, 배가 아파 병원을 찾았다가 자궁에 혹
이 있다는 소견을 받았다. 이전에도 난소와 자궁근종 수
술을 경험한 터라 놀라지는 않았지만, 혹시 암일지도 모
른다는 의사의 말에 조직검사를 받고 결과를 기다렸다.

하나님의 뜻대로 살기 위해 온 가족이 성경을 매일 읽
으며 기도하는 시기에 왜 이런 시련이 오는지 이해할 수 없었다. '하나님, 제가 무엇을 잘못했나요?'라는 원망과 자책이 마음을 짓눌렀다. 불안과 두려움 속에서 가족에게는 걱정을 끼칠까 봐 알리지 않고, 교회 전도사님에게만 기도를 부탁했다.

검사 결과를 기다리던 어느 날 아침, 화장실에서 지금껏 본 적 없는 손톱보다 큰 풍선 같은 분비물이 나왔다. 마침 그날이 금요 철야기도회가 있는 날이어서, 하나님께 간절히 매달리고 싶은 마음에 철야기도 모임에 참석했다.

평소 나는 방언기도, 통성기도, 대표기도를 좋아하지 않았다. 어려서부터 예배 중심의 장로교에서 자라 조용히 묵상하며 기도하는 것에 익숙했고, 방언이나 통성으로 크게 외치는 기도는 낯설고 불편했다. 하지만 그날 기도회에서 교회의 여러 기도 제목을 두고 기도하다가, 어느 순간 나 자신의 영혼을 위한 기도가 시작되었다.

나는 늘 남편의 신앙 생활만 걱정했지 내 믿음을 위해 진심으로 기도한 적이 없다는 것을 깨달았다. 하나님은 내 영혼의 교만과 형식적인 믿음을 지적하시며 진정한 회개의 자리로 이끄셨다. 그때, 내 옆에 누군가 다가와 나를 안아 주며 방언으로 기도하고 그것을 통역해 주었다.

"사랑하는 딸아, 두려워하지 마라. 나는 늘 너와 함께했고, 네가 어려서부터 했던 모든 기도를 기억하고 있다. 내가 너를 사랑하고 고쳐줄 것이다."

그 순간 가슴속에 뜨거운 감격이 밀려왔고, 처음으로 내 입에서 방언기도가 터졌다. 일주일 후, 병원에서 혹을 제거하는 시술을 받기로 했다. 의사는 초음파 사진을 보며 큰 혹이 저절로 없어지지 않을 테니 반드시 제거해야 한다고 말했다. 그런데 진료실에서 초음파 검사를 하는 동안 의사가 어리둥절한 표정으로 말했다.

"이상하네요. 전에 있던 큰 혹이 없어졌어요. 작은 혹 세 개만 남아 있습니다."

나는 그 말을 듣는 순간, 내 안의 두려움과 불안은 사라지고 감사와 감격이 넘쳤다. 하나님께서 나를 치유하셨음을 깨닫자 온몸이 전율로 떨렸다. 인간의 상식으로 설명할 수 없는 기적이었다.

작은 혹 세 개를 제거하는 동안 통증은 있었지만, 하나님의 치유의 손길이 함께하심을 느끼며 모든 고통조차 기쁨으로 받아들였다. 검사 결과 암도 아니고, 저절로 없어질 수 없다는 폴립이 기도로 빠져나간 기적을 경험하며 나는 깊은 회개의 시간을 가졌다. 하나님은 다른 사람의 신앙을 걱정하는 내게, 정작 나 자신의 신앙을 돌아보게 하기 위해 육체적 고통을 허락하셨던 것이다.

우리는 몸이 아플 때 비로소 겸손해진다. 가장 낮은 마음으로 하나님께 의지할 수밖에 없음을 깨닫게 된다. 아무리 첨단 기술과 의학이 발전해도, 인간은 결국 하나님의 피조물이며, 오직 창조주이신 하나님만이 근본적인 치료자이심을 알게 된다. 나는 그날의 기적을 통해 치유하시는 라파의 하나님을 만났다.

"나에게 이르시기를 내 은혜가 네게 족하도다 이는 내 능력이 약한 데서 온전하여짐이라 하신지라 그러므로 도리어 크게 기뻐함으로 나의 여러 약한 것들에 대하여 자랑하리니 이는 그리스도의 능력이 내게 머물게 하려 함이라"

_고린도후서 12장 9절

"고난 당한 것이 내게 유익이라 이로 말미암아 내가 주의 율례들을 배우게 되었나이다"

_시편 119장 71절

엄마의 마지막 선물,
천국으로 가는 길

"내가 곧 길이요 진리요 생명이니 나로 말미암지 않고는
아버지께로 올 자가 없느니라"

_요한복음 14장 6절

80년 만에 찾아온 뜨거운 여름날 새벽에, 친정엄마는
조용히 주무시듯 천국으로 떠나셨다. 엄마는 오랫동안 치
매를 앓으셨다. 아빠가 먼저 천국에 가신 후 혼자 지내시
면서부터 증상이 본격적으로 시작되었는데, 밥을 하다가
가스불 끄는 것을 잊어버려 집에 몇 번 화재 위험이 있었
다. 깜빡하는 횟수가 점점 잦아지자 오빠들이 돌아가며

엄마를 돌보기 시작했다. 하지만 오빠네 집에서도 낮에는 엄마가 혼자 계셔야 하는 상황은 마찬가지였다. 가족회의 끝에 엄마를 요양원에 모시기로 결정했다.

처음에는 요양원 생활에 잘 적응하시는 듯 보였다. 매일 다양한 기관에서 파견된 강사들이 와서 게임과 노래를 가르쳐 주고, 그림도 그리고, 예배도 드렸다. 그러나 코로나19가 터지면서 모든 것이 중단되었다. 요양원 면회도 전면 금지되었다. 외부와 완전히 차단된 채 코로나 시기를 거치면서 엄마의 인지 능력은 현저하게 떨어졌다.

코로나가 끝나고 면회가 재개되었을 때, 엄마는 이미 자식들을 알아보지 못하는 상태까지 이르렀다. 무엇을 물어봐도 "몰라"라고 귀찮은 듯 짧게 대답하실 뿐이었다. 치매는 단순히 사람을 못 알아보는 병이 아니다. 자신이 누구인지도 모르게 만들고, 감정 표현 능력까지 앗아간다. 기쁜 것도, 슬픈 것도, 아픈 것도 제대로 표현할 수 없게 만드는 잔인한 질병이다.

돌아가시기 약 두 달 전부터 엄마가 혈뇨를 보기 시작해 병원에서 온갖 검사를 다 했다. 처음 진단은 방광염이었다. 의료진은 항생제 처방과 함께 소변줄을 삽입했다.

한 달 넘게 항생제를 복용했지만 혈뇨는 계속되었고, 차도는 전혀 없었다. 처음에는 암이 아니라고 했던 의료진도 항생제가 듣지 않는 것을 보고 CT 촬영을 결정했다. 그리고 돌아가시기 일주일 전, 충격적인 진단 결과가 나왔다. 방광암 4기로 온몸에 암이 전이된 상태였다.

'저렇게까지 암이 퍼질 정도였으면 분명 고통스러웠을 텐데'라는 생각이 들었지만, 엄마는 아프다는 표현을 한 번도 하지 않으셨다. 치매 때문에 아픔조차 제대로 표현할 수 없었던 것이다. 병원에서는 3~6개월 정도 시간이 남았다고 진단했다. 나이가 많아 수술도, 항암치료도 불가능하다고 했다. 마지막에는 투석이 필요한 상황이 올 수도 있다고 해서 요양병원으로 옮겼다.

병원으로 옮긴 지 이틀 후인 금요일 밤, 오빠에게서 전화가 왔다. 엄마의 상황이 좋지 않다는 내용이었다. 나는 즉시 다음 날 한국행 항공편을 예약했다. 토요일 낮, 열심히 짐을 싸고 있는데 오빠에게서 카카오톡이 왔다. 엄마가 위독하다는 연락을 받고 병원으로 가고 있다는 메시지였다. 그런데 그다음 메시지는 믿을 수 없는 내용이었다. 오빠가 병원에 도착하기 10분 전에 엄마가 조용히 돌아가셨다는 것이었다.

엄마의 부고 소식이 카카오톡으로 전해진 순간, 눈앞이 캄캄해졌다. 이제 더 이상 엄마를 이 세상에서 볼 수도 없고, 따뜻한 손을 만질 수도 없다는 현실이 마치 내 앞에서 큰 산이 와르르 무너지는 것 같았다. 내 삶의 근원이자 뿌리였던 엄마가 천국에 가셨다는 문자를 본 순간, 심장이 떨어져 나가는 것 같은 극심한 통증이 가슴을 짓눌렀다. 숨을 쉴 수 없었다.

88년을 사신 분이 딸이 오는 하루를 못 기다리고 조용히 떠나시다니. 하나밖에 없는 딸이 태평양 건너편에 살면서 일 년에 한 번 겨우 만날 수 있었는데, 엄마가 마지막 숨을 쉬는 순간만큼은 함께하고 싶었는데, 빨리 가서 엄마의 따뜻한 손을 잡고 기도하며 하나님께 평안히 보내드리고 싶었는데 …. 지난 봄, 엄마의 손을 잡고 얼굴을 비비며 "사랑해요"라고 말한 것이 마지막 고백이 될 줄 몰랐다.

"엄마! 엄마! 나 보고 가야지!"

눈물이 앞을 가린 상태로 나는 방바닥에 털썩 주저앉아 짐승처럼 울부짖었다.

"엄마! 이렇게 가면 어떡해"…."

197

가슴이 부서져라, 아무리 엄마를 불러도 소용없다는 걸 알면서도 나는 부르짖어야만 했다. 이제는 볼 수도 만질 수도 없는 우리 엄마, 저 멀리 떠난 엄마에게 들릴 만큼 목 놓아 우는 것밖에 할 수 없었다.

엄마의 소천 소식을 들은 전도사님이 음식을 준비해 찾아오셨다. 슬픔에 빠진 우리 가족을 위해 예배를 드리며 요한복음 14장 1절에서 14절 말씀으로 위로해 주셨다.

"너희는 마음에 근심하지 말라 하나님을 믿으니 또 나를 믿으라 내 아버지 집에 거할 곳이 많도다 그렇지 않으면 너희에게 일렀으리라 내가 너희를 위하여 거처를 예비하러 가노니 가서 너희를 위하여 거처를 예비하면 내가 다시 와서 너희를 내게로 영접하여 나 있는 곳에 너희도 있게 하리라 내가 어디로 가는지 그 길을 너희가 아느니라 도마가 이르되 주여 주께서 어디로 가시는지 우리가 알지 못하거늘 그 길을 어찌 알겠사옵나이까 예수께서 이르시되 내가 곧 길이요 진리요 생명이니 나로 말미암지 않고는 아버지께로 올 자가 없느니라 너희가 나를 알았더라면 내 아버지도 알았으리로다 이제부터는 너희가 그를 알았고 또 보았느니라"

주체할 수 없는 슬픔을 안고 한국행 비행기에 몸을 실었다. 엄마를 만나러 가는 길이 한없이 길게 느껴졌다. 태평양을 건너고 고속도로를 지나 천안 장례식장에 도착했다. 식장에 들어서자마자 엄마의 칠순 때 찍은 영정사진이 눈에 들어왔다. 사진 속 엄마는 고운 한복 차림에 화장을 하고 평온한 미소를 짓고 계셨다. 그 모습을 보는 순간 이루 말할 수 없는 감정이 나를 휘감았다. 엄마가 하늘나라로 떠났다는 것이 슬프면서도 실감이 나지 않았다. 상복을 입은 가족들의 모습도 비현실적으로 다가왔다. 엄마의 사진을 그저 멍하니 바라볼 뿐이었다.

영정사진 앞에는 '권사 유정심 님'이라는 위패가 있고, 그 아래 두꺼운 성경이 펼쳐져 있었다. 성경책 가까이 다가간 나는 그만 소스라치게 놀라고 말았다. 엄마의 사진 아래 활짝 펼쳐진 성경은 다름 아닌 요한복음 14장 말씀이었다. 바로 전날 전도사님께서 실의에 빠진 우리 가족에게 전해 주신 그 말씀이 아닌가!

오빠에게 물었다. "이 성경 말씀 누가 편 거야?"

"엄마가 제일 좋아하셨던 말씀이야. 네가 좋아하는 성경 본문이 있으면 다른 걸로 바꿔도 돼."

하루 전 미국에서 읽은 성경 말씀을 엄마의 영정에서 다시 보다니, 하나님께서 말씀으로 나를 위로하시는 것 같아 온몸에 전율이 일었다.

그 이후 요한복음 14장 말씀은 엄마의 입관예배, 발인 예배, 삼우제 이후 추모예배 때까지 계속해서 본문 말씀이 되었다. 하나님은 요한복음 14장 말씀을 반복적으로 전해 주셨다. 이제 엄마를 잃은 슬픔에서 빠져나와 빛 되신 예수님만 바라보며, 천국에서 엄마를 다시 만날 때까지 열심히 믿음 생활하라고 위로해 주시는 것 같았다.

"내가 너희를 고아와 같이 버려두지 아니하고 너희에게로 오리라"

_요한복음 14장 18절

엄마, 아빠를 다 잃고 이제 고아가 된 나에게 다시 오겠다고 말씀으로 위로해 주시는 하나님은 우리의 작은 신음에도 응답하시고 생각까지 살피시는 분이시다.

한 줌 재가 되어버린 엄마를 보며 인생에서 정말 중요한 것이 무엇인가를 계속 생각하게 되었다. 죽으면 이 땅에서 아무것도 가져갈 수 없다는 것을 다시 한 번 확인했다. 결국 우리 아이들에게는 죽어서도 변하지 않는 가치와 진리를 가르치고 떠나야겠다고 다짐했다. 그것은 바로 길이요 진리요 생명이신 예수님이라는 귀한 복음의 말씀이다.

엄마는 마지막 순간까지 우리에게 소중한 교훈을 남겨 주셨다. 삶의 마지막에 정말 중요한 것은 재산도, 명예도, 지위도 아니고 오직 예수 그리스도만이 우리를 아버지께로 인도하는 유일한 길이라는 것을.

엄마가 생전에 가장 사랑하셨던 요한복음 14장 말씀은 이제 내게도 가장 소중한 말씀이 되었다. 그 말씀을 통해 나는 엄마가 지금 예수님이 예비해 주신 아버지 집에서 평안히 계신다는 확신을 갖게 되었다. 언젠가 우리도 그 길을 따라 천국에서 엄마를 다시 만날 것이다. 그때까지 이 땅에서 맡겨 주신 사명을 다하며, 길이요 진리요 생명이신 예수님만을 굳게 붙잡고 살아가야겠다.

엄마의 마지막 선물은 바로 이 깨달음이었다. 진정한 생명은 이 땅의 것이 아니라 영원한 것이며, 그 생명에 이르는 길은 오직 예수 그리스도뿐이라는 진리 말이다.

성경을 읽은 후
달라진 우리 가족

믿음

성경을 세 번 통독한 후, 우리 가족은 무엇을 얻고 어떻게 변화되었을까? 매일 성경을 펼치고 예배를 드리며 하나님의 음성을 듣는 것은 이제 우리의 일상이 되었다. 그렇다고 해서 삶이 늘 평탄하기만 했던 것은 아니다. 여전히 예기치 못한 사건들이 찾아왔고, 감당하기 벅찬 시련들이 있었다.

그러나 분명히 달라진 것이 하나 있다. 그건 바로 어떤 일이 닥쳐와도 가장 먼저 기도로 하나님께 물어보는 거였다. "하나님, 제가 무엇을 해야 합니까?"라고 묻고, 그 응답을 기다리며 살아가는 것이 우리 가족의 변화된 모습이다.

코로나19가 세상을 뒤흔들던 어느 날, 친구와 함께 골프 치러 나갔다. 조지아의 날씨는 변덕스럽기로 유명하다. 구름 한 점 없는 맑게 갠 하늘 아래서 즐겁게 라운딩을 하고 있던 중, 갑자기 먹구름이 몰려오더니 천둥과 함께 폭우가 쏟아졌다. 당시 사회적 거리두기로 각자 한 명씩 카트를 타고 있었다. 나는 황급히 비를 피하려 카트를 몰았다. 내리막길을 따라 달리던 순간, 한쪽으로 쏠린 무게와 빗물로 바퀴가 미끄러지면서 순식간에 카트가 전복되었다.

눈앞이 뒤집히며 카트와 나는 잔디밭으로 내동댕이쳐졌고, 옆으로 넘어진 카트는 내 발목을 짓눌렀다. 억수같이 쏟아지는 빗속에서 발을 빼려고 아무리 몸부림쳐도, 카트는 요지부동 꼼짝도 하지 않았다. 발과 무릎에서는 피가 빗물과 함께 흘러내렸다. 양동이로 온몸에 물을 퍼붓듯이 비를 맞으며 '이대로 죽을 수도 있겠구나.' 하는 공포가 몰려왔다.

혼자 할 수 있는 것이라곤 아무것도 없었다. 그 상황에서 내가 할 수 있는 것은 오직 기도뿐이었다. "주여, 살려 주세요. 너무 아파요!" 빗물인지 눈물인지 얼굴은 다 젖었고 잔디밭에 엎드린 채 간절히 부르짖었다. 마치 그 기도를 듣기라도 한 듯, 앞서 달려 나갔던 친구가 다시 돌아왔다. 그러나 혼자서는 카트를 들 수 없었다. 다행히 뒤따르던 골퍼들이 달려와 함께 카트를 들어 주었다.

나는 친구의 카트에 실려 클럽하우스로 돌아왔고, 911을 불러 난생처음으로 미국 소방차를 타고 응급실로 실려 갔다. 다행히 생명에는 지장이 없었지만, '만약 아무도 나를 발견하지 못 했다면 어땠을까?' 하는 아찔한 상상이 머릿속을 스쳤다.

의사는 발등의 상처가 너무 깊어서 허벅지 살을 떼어 발목과 무릎에 이식해야 한다고 했다. 발은 압박골절로 코끼리 발처럼 퉁퉁 부어서 한 달 동안 휠체어에 의지해야 했다. 의사는 피부 이식 수술은 간단하다고 말했지만, 회복 과정은 예상보다 훨씬 길고 고통스러웠다. 이식 부위는 2주면 아문다고 했는데 5개월 동안 진물이 멈추지 않았고, 살을 떼어낸 허벅지는 화상을 입은 것처럼 빨간 고깃덩어리같이 속살이 드러나 바늘로 찌르는 듯한 고통이 이어졌다.

결국 한국까지 가서 유명한 피부과와 화상센터 의원과 한의원을 찾아다녔지만 나을 기미가 안 보였다. 그러다 우연히 어린 시절 다녔던 교회 오빠가 운영하는 피부과에서 치료를 받자 서서히 회복되는 전환점을 맞았다. 스테로이드 주사를 맞은 뒤로 진물이 멈추고 수술 부위가 꾸덕꾸덕해지며 새살이 돋기 시작했다.

성경을 읽으면서 어린아이와 같았던 나의 믿음은 단단해지고 견고해졌다. 큰 사고 앞에서도, "하나님, 이 상황에서 제가 무엇을 해야 하나요?" 하고 기도했다. 그리고 가장 먼저 감사의 기도가 나왔다. 다리만 다치고 얼굴은 멀쩡히 지켜 주신 하나님께 감사했다. 생명에 지장이 없는 것도 감사했다. 만약 얼굴부터 땅에 떨어졌다면 생각만 해도 아찔했다.

주변 사람들의 사랑은 더 큰 기적이었다. 마치 새끼 새에게 모이를 나르는 어미 새처럼, 매일 같이 많은 사람이 음식을 가져다주고, 기도해 주고, 안부를 물었다. 여러 사람이 심심할 틈도 없이 찾아와서 '내가 이렇게까지 사랑받아도 되는 걸까?' 몸 둘 바를 몰랐다. 누워서 할 수 있는 것은 아무것도 없었다. 움직일 수 없는 그 시간 동안 나는 책 읽고, 유튜브를 보며 새로운 세상을 발견했다. 특히 자기계발서를 탐독했다. 틈틈이 온라인 수업으로 SNS 활용법까지 배웠다. 몸은 고생했지만, 내 시야와 인맥은 온라인 세상으로 지경이 넓어졌다.

이 모든 과정을 통해 나는 하나님의 선하심을 다시금 깨달았다. 예전 같았으면 '왜 하나님은 이런 일을 허락하셨을까?' 하고 원망했을 것이다. 그러나 이제는 '하나님께서 이 일을 통해 반드시 나를 더 좋은 길로 인도하실 것이다'라는 흔들리지 않는 믿음이 있었다. 그 믿음으로 아픈 시간을 견뎠고, 결국 하나님이 옳았음을 확인할 수 있었다.

만약 그 카트 전복 사고가 없었다면, 나는 여전히 골프장만 다니며 눈에 보이는 세상에만 머물러 있었을 것이다. 그리고 온라인이라는 무한한 가능성의 세계가 있다는 것도 모른 채 살았을 것이다. 골프장 카트 사고는 단순한 전복 사고가 아니라, 내게 새로운 세상을 열어준 기회의 문이자 터닝 포인트였다. 다양한 온라인 수업을 듣다가 결국 글쓰기 수업까지 이어졌고, 어릴 적부터 품어왔던 작가의 꿈을 향해 한 걸음씩 내디뎠다. 고통 속에서도 하나님의 선하심을 의심하지 않았을 때, 그분은 내가 상상할 수 없었던 새로운 길을 열어 주셨다.

성경을 세 번 읽고 난 후 달라진 것은 바로 이것이었다. 환경이 어떻게 변하든, 어떤 시련이 닥쳐오든 '하나님은 여전히 선하시다'는 믿음이 나를 지켜 준다는 것이고 그 믿음이 결국 내 삶에 가장 아름다운 열매를 맺게 하신다는 것이다.

소망

성경을 읽고 나서, 하나님께서 나를 창조하신 목적에 대해 깊이 묵상하게 되었다. 만세 전부터 나를 택하시고, 이 땅에서 그분의 영광을 드러내기 위해 나를 지으셨다면, 과연 내가 하나님의 영광을 위해 무엇을 감당할 수 있을까? 아이들을 낳고 수십 년을 전업주부로 살아온 평범한 내가 할 수 있는 일이 무엇일까?

고민한 끝에 대만과 한국, 그리고 미국에서 아이들을 키운 경험을 바탕으로 다른 이들에게 도움을 주기로 결심했다. 성경을 읽기 전 나의 삶은 여느 부모와 다르지 않았다. 인생의 최대 관심사는 오직 자녀교육이었고, 내 아이가 똑

똑하고 공부를 잘해서 명문대에 입학하는 것이 삶의 유일한 목표였다.

나는 아이를 위한다는 목적으로 좋아하는 것보다는 좋은 학교에 들어가기 위해서 내가 원하는 학원에 보냈다. 세상에서 성공하려면 남들보다 앞서야 하고, 돈을 많이 벌어야 한다고 믿었다. 전문직이나 연봉이 높은 직장에 취직하기를 바랐고, 선행학습은 물론 체육, 음악, 봉사 활동까지 모든 분야에서 뛰어나야 한다고 생각했다. 나의 세계는 온통 아이들의 교육과 명문대 입학으로만 채워져 있었다.

그러나 성경을 읽은 후, 인생관과 교육관이 완전히 바뀌었다. 잠언 22장 6절의 "마땅히 행할 길을 아이에게 가르치라 그리하면 늙어도 그것을 떠나지 아니하리라"는 말씀과 잠언 9장 10절의 "여호와를 경외하는 것이 지혜의 근본이요 거룩하신 자를 아는 것이 명철이니라"는 말씀이 내 생각을 송두리째 바꾸어놓았다.

한국에 살았을 때 나는 아이들에게 지식 교육만 강조했다. 온갖 학원을 보냈던 내가 성경을 읽으며 신앙 교육의 중요성을 절실히 깨닫게 되었다. 이전에는 아이들의 믿음을 교회 주일학교 선생님에게만 맡겨두었다. '일요일에 교회만 빠짐없이 출석하면 주일학교 선생님들이 아이들의 신앙을 잘 키워 줄 것이다'라고 안일하게 생각했다. 하지만 성경을 읽고 나서야 아이들도 성경을 알아야 참된 영적 성장이 이루어진다는 것을 깨달았다.

부모는 자녀의 거울이다. 부모의 신앙을 보며 아이들이 배우고 자란다. 참된 신앙을 보고 배울 기회를 가정에서 만들어 주어야 한다. 부모가 자녀에게 마땅히 가르쳐야 할 것은 세상 지식뿐만 아니라 성경을 통한 영적 성장이다. 이 세상의 참된 진리와 지혜는 모두 성경 안에 담겨 있다. 부모와 함께 성경을 읽을 때 비로소 무엇이 진정 중요한지 깨닫게 된다.

성경을 읽기 전에는 오로지 아이들의 명문대 입학만이 삶의 전부였다. 균형 잡힌 영양으로 키를 키우는 신체적 성장과 지식을 배우는 학교 교육에만 매달렸다. 어떤 운동을 하고, 어떤 악기를 배우고, 대통령상을 받기 위해 어떤 봉사를 해야 하는지에만 온 신경을 쏟았다. 아이는 하나님께서 내게 잠시 맡겨 주신 소중한 선물이라는 것을 까맣게 잊은 채, 내 배 아파 낳은 자식이라며 내 소유물로 여기고 내 마음대로 키우려 했다.

가족과 함께 성경을 읽은 후, 나의 삶과 자녀교육에 대한 관점이 완전히 새로워졌다. 이제는 아이들을 하나님께서 맡겨 주신 소중한 존재로 여기게 되었다. 나는 그들이 신앙 안에서 성장할 수 있도록 돕는 것이 엄마로서의 참된 역할임을 깨닫자 '가족 성경 통독'의 놀라운 유익을 더 많은 사람들에게 알리고 싶어졌다. '한 가족 한 번 성경 통독하기 운동'이 대한민국 모든 가정에서 실천되기를 간절히 소망한다.

품 안의 자식일 때, 그들이 하나님과 친밀한 관계를 형성하고 독립한 후에도 그것을 유지할 수 있도록 돕는 것이 부모의 역할이다. 나는 이 소중한 부모의 역할을 이 땅의 모든 부모들이 잘 감당할 수 있도록 지지하고 격려하며 돕고 싶다. 그래서 이 땅의 아이들이 하나님 안에서 건강하게 잘 성장할 수 있도록 돕는 삶을 살아가고자 한다.

부모는 이 귀한 진리를 아이들이 어릴 때부터 잘 가르쳐야 한다. 아이들은 생각보다 빨리 자라고 부모 품을 떠난다. 자녀가 부모 곁에 머무는 시간은 생각보다 그리 길지 않다. 아이들이 어릴 때는 빨리 커서 내 손에서 벗어나기를 바라곤 했는데, 그 시간이 생각보다 훨씬 빨리 다가왔다. 아이들이 어렸을 때 말씀을 함께 읽는 것이야말로 가장 중요한 일이다. 이때 성경을 함께 읽고 토론하며, 서로의 생각을 나누는 것이 핵심이다.

성경을 통해 깨달은 진리와 지혜를 바탕으로 하나님께서 주신 사명을 온전히 감당하며 살기를 소망한다. 성경을 읽고 나니 내 삶에 참된 소망이 생겼다. 우리 가정이 경험한 은혜와 축복, 그리고 하나님이 살아 계심의 생생한 증거를 더 많은 이들과 함께 나누고 싶다. 성경을 펼치는 모든 이에게 부어 주시는 하나님의 풍성한 은혜를 다른 가정들도 누리게 되기를 간절히 기도한다.

사랑

가족과 함께 성경을 세 번 통독한 후, 나의 믿음은 한층 더 견고해졌다. 예수님은 살아계신 하나님이시며, 나를 위해 십자가에 돌아가신 그리스도라는 믿음이 마음 깊이 자리 잡았다. 하나님께서 나를 이 땅에 보내신 분명한 소명이 있음을 깨달았고, 육신은 언젠가 사라지더라도 내 영혼은 천국에 간다는 소망을 갖게 되었다. 무엇보다 중요한 것은, 이 세상에 사는 날 동안 서로 사랑하며 살아가야 한다는 삶의 목적이 분명해졌다는 것이다.

예수님은 마태복음 22장 37절에 "네 마음을 다하고 목숨을 다하고 뜻을 다하여 주 너의 하나님을 사랑하라" 그리고 마태복음 22장 39절에 "네 이웃을 네 자신 같이 사랑하라."고 말씀하셨다. 이 두 계명은 모든 율법과 예언서의 기초이자, 성경의 핵심이다. 사랑은 하나님과 나 사이의 관계뿐 아니라, 이웃과의 관계를 세우는 근본이 된다.

하나님께서는 우리에게 완전한 사랑의 본을 보여 주셨다. 요한복음 3장 16절은 "하나님이 세상을 이처럼 사랑하사 독생자를 주셨으니 이는 그를 믿는 자마다 멸망하지 않고 영생을 얻게 하려 하심이라"라고 말씀하신다. 하나님은 나를 위해 독생자 예수 그리스도를 십자가에서 죽게 하셨다. 이 사랑은 조건 없는 사랑, 아가페 사랑이며, 나 또한 이 사랑을 내 삶에서 실천해야 함을 절실히 깨달았다.

매일 성경을 읽고 예배드리자, 가정의 질서도 다시 세워졌다. 가정의 질서는 아버지에게서 비롯된다. 남편이 가정의 제사장으로서 예배를 인도하니, 하나님의 권위가 그의 삶에 깃들었다. 말씀을 함께 읽고 나누는 가운데, 그에게 주시는 하나님의 지혜를 매일 체험할 수 있었다. 신학교도 나오지 않은 남편이, 구약과 신약을 넘나들며 성령의 감동을 따라 말씀을 전할 때마다 우리는 하나님의 살아 계심을 느꼈다. "하나님께서 이 말씀을 펴보라고 하시네." 해서 성경을 펼치면, 우리가 읽던 말씀과 짝을 이루는 구절이 구약과 신약에서 놀랍게 이어졌다.

한 집안의 가장이 말씀대로 살려고 노력하니, 하나님께서 가정의 질서를 바로잡아 주셨다. 아이들은 부모의 말에 자연스럽게 순종하고, 성경을 읽을수록 아버지의 영적 권위는 더욱 단단히 세워졌다.

나 또한 마음의 변화를 경험했다. 한때 남편을 향해 품었던 미움이 사라졌다. 우리는 같은 회사 동기로 사회 생활을 시작했다. 하지만 나는 아이를 낳고 경단녀로 지내면서 자기 연민과 콤플렉스가 생겼다. 남편은 사회적으로 인정받고 성장하는데, 나는 그저 집에서 아이만 돌보는 아줌마가 된 것 같아 늘 마음 한켠이 허전했다.

그런 내가 성경을 읽으며 하나님께서 나에 대한 계획이 있다는 것을 깨닫고 나니, 남편을 향한 미움은 봄눈 녹듯이 사라졌다. 대신 가족을 위해 밤낮으로 일하는 남편의 고단함이 보이기 시작했다. 한 집안의 가장으로서 혼자 짊어진 삶의 무게와 책임감에 그토록 열심히 일하는 그를 이해하게 되었고 연민이 생겼다.

사랑의 근간은 긍휼한 마음이다. 긍휼은 상대방의 고

통과 어려움을 이해하고 그를 도와주고자 하는 마음에서 비롯된다. 이는 단순히 상대방을 불쌍히 여기는 것을 넘어서, 그의 입장을 깊이 이해하고 공감하는 데 있다. 남편을 바라보며 느낀 긍휼의 마음은 우리의 관계를 새롭게 했다. 더 이상 나의 불만과 좌절에만 집중하지 않고, 그의 고단함과 노고를 인정하게 되었다.

성경을 읽기 전에는 남편의 말을 순종하면 내가 진다고 생각하여 남편의 말을 듣지 않고 내 주장만 앞세웠다. 부부 싸움을 해도 단 한 번도 먼저 화해하거나 미안하다고 말한 적이 없다. 항상 남편이 먼저 사과하면 마지못해 받아 주는 척했다. 성경을 읽은 후 남편이 집안의 제사장으로 영적인 권위가 세워지자 나도 남편의 말에 순종했다. 돕는 배필의 역할을 자연스럽게 수행하게 되었다.

긍휼은 하나님의 사랑을 닮아간다는 증거다. 하나님은 우리의 죄와 연약함을 다 아시면서도 우리를 끝까지 사랑하셨다. 그런 하나님의 긍휼과 사랑을 본받아 서로를 불쌍히 여기기 시작할 때, 다툼과 미움은 사라지고 한마음이 되었다.

긍휼은 상대방을 있는 그대로 받아들이는 데서 시작

된다. 남편이 직장에서 겪는 스트레스와 책임감을 이해하게 되자, 그를 향한 내 마음은 더 깊어졌다. 그의 노고를 인정하고, 감사를 전하는 작은 행동들이 우리 부부 관계를 더욱 단단하게 만들었다.

긍휼은 사랑을 더 깊고 진실하게 만드는 힘을 가지고 있다. 사랑과 긍휼은 우리가 하나님과 이웃을 사랑하라는 예수님의 계명을 실천하는 데 중요한 열쇠다. 긍휼히 여기는 마음으로 상대방을 대할 때, 우리는 진정한 사랑을 실천할 수 있다. 이와 같은 사랑은 우리의 가정을 변화시키고, 더 나아가 세상을 변화시키는 힘을 갖는다. 긍휼로 서로를 바라볼 때, 우리는 진정한 사랑을 느끼며 살 수 있다. 이 같은 사랑은 가정을 변화시키고, 더 나아가 세상을 바꾸는 힘이 된다.

결국, 성경을 통독하며 내가 깨달은 것은 바로 사랑과 긍휼의 중요성이다. 하나님께서 보여 주신 완전한 사랑과 긍휼을 본받아 서로를 이해하고 긍휼히 여기며 사랑하는 것이다. 이러한 사랑은 우리의 삶을 풍성하게 하고 하나님의 뜻을 이 땅에서 이루는 길이 될 것이다. 우리의 가정과 세상이 사랑과 긍휼로 가득 차길 진심으로 소망한다.

6장 성경을 읽은 후
달라진 우리 가족

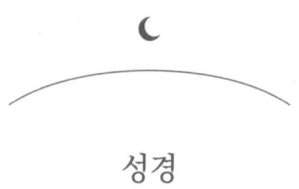

성경

4년이 넘도록 우리 가족은 매일 성경을 읽었다. 이 작은 습관이 우리 가족에게 가져온 변화는 실로 놀라웠다. 처음에는 단순히 성경을 읽는 것 자체를 중요하게 여겼지만, 시간이 흐르면서 우리는 상상 그 이상의 깊은 은혜의 세계로 인도되었다.

첫 번째, 기도가 달라졌다.

처음에는 하나님을 마치 요술 램프의 지니처럼 여기며 우리가 원하는 것을 달라고 조르듯 기도했다. "하나님, 내일 시험 잘 보게 해 주세요"라고 기도하던 아이들이 어느

새 "모든 결과는 주님께 달려 있습니다. 시험을 잘 보든지 못보든지 주님께 감사하며 그 결과를 겸손히 받아들이게 해 주세요"라고 기도하는 모습을 보며 깜짝 놀랐다.

또 "하나님, 우리 꼭 천국 가게 해 주세요"라고 기도했는데, 어느 순간 성경을 읽으며 우리가 사는 이곳이 이미 천국이라는 것을 깨달았다. 천국은 하나님과 함께하는 곳이다. 죽어서 가는 미래의 어떤 장소가 아니라, 바로 지금 여기서 하나님과 함께하는 이 순간 자체가 천국이다.

성경을 읽는 동안 들숨과 날숨으로 드린 모든 기도는 하나도 땅에 떨어지지 않았다. 어떤 모양으로든 반드시 열매를 맺었다. 다만 우리가 기도한 그 순간에 바로 응답받는 것이 아니라, 하나님의 때에 하나님께서 정하신 시간에 모든 것이 완벽하게 이루어졌다. 우리는 기도하며 인내하는 법을 배웠다.

두 번째, 영성이 깊어졌다.

성경을 매일 읽으면서 우리 가족의 영성은 한층 깊어졌다. 나도, 남편도, 우리 아이들도 하나님이 살아 계심을 온전히 믿고 의지하게 되었고, 우리의 믿음은 날마다 자라났다. 삶을 바라보는 관점 자체가 완전히 달라졌다. 이제는 일상에서 마주하는 모든 사건을 하나님의 시각에서 바라본다. "예수님이라면 어떻게 하셨을까?"라는 질문이 우리 입에서 자연스럽게 흘러나왔다.

우리의 일상은 하나님의 방식으로 서서히 변화되었다. 처음에는 우리의 의지로 성경을 읽기 시작했다고 생각했지만, 사실 그 모든 시간은 하나님께서 우리를 초대하신 은혜의 순간이었다. 우리는 그저 하나님의 부르심에 순종하여 식탁 앞에 모여 앉았을 뿐이다. 성경을 우리가 읽은 것이 아니라, 하나님께서 우리를 초대해 주셨고, 우리는 그 초대에 순종하여 놀라운 은혜를 받았던 것이다.

하나님의 말씀대로 순종하면 복을 받는다는 진리를 우리는 생생하게 체험했다. 그 복이란 세상이 말하는 복과는 차원이 달랐다. 돈을 많이 벌어 부자가 되고, 건강하고, 아이들이 공부 잘해서 좋은 대학 가는 세상적으로 잘되는 그런 복이 아니었다. 하나님이 주시는 참된 축복이란 하나님의 말씀 안에서 거하는 삶이며, 그 안에 거할 때 우리의 형편이 어떠하든 자족하고 감사하는 법을 터득하게 되는 것이었다.

세 번째, 예배와 기도의 참된 가치를 발견했다.

하나님께서는 별도의 시간을 구별하여 예배드리는 것을 기뻐하신다. 매일 예배드리고 기도하니 하나님께서 기뻐하시며 우리를 만나 주셨다. 그리고 살아 계신 하나님은 말씀을 통해 당신의 존재를 생생하게 드러내셨다.

아이들은 하나님께서 살아 계신다는 것을 성경을 읽으며 직접 체험했다. 특히 아빠의 변화된 모습을 통해 하나님을 깊이 알아갔다. 아빠가 믿음으로 완전히 새로워지는 모습을 목격하며, 하나님께서 살아 계신다는 것을 온몸으로 경험했다. 그렇게 우리는 아이들에게 '믿음'이라는 이 세상 그 어떤 것과도 바꿀 수 없는 최고의 유산을 물려주었다.

네 번째, 어려움 속에서도 이어진 성경 읽기.

1,000일이 넘는 긴 여정이 늘 은혜롭고 행복하기만 했던 것은 아니다. 성경을 읽으러 모였다가 서로 언성을 높여 다투기도 했고, 특별한 기적이나 감동적인 사건 없이 그저 잔잔하게 말씀을 읽고 기도하는 평범한 날들도 많았다.

그럼에도 우리는 말씀 읽는 끈을 놓지 않았다. '매일

성경을 읽는다'라는 절대적인 원칙만큼은 반드시 지켰다. 매일 성경을 읽으며 기도하는 그 시간은 하나님과 한걸음 더 가까워지는 거룩한 순간이었다. 그 시간들이 쌓여 우리 가족은 더욱 깊은 신앙과 흔들리지 않는 믿음을 소유하게 되었다.

하나님의 초대에 순종한 4년.

4년이 넘는 시간 동안 우리 가족은 매일 성경을 읽으며 하나님의 놀라운 은혜를 온몸으로 체험했다. 처음에는 우리의 의지로 시작한 일인 줄 알았다. 하지만 돌이켜 보니 그 모든 과정이 하나님의 섬세한 초대였다. 하나님께서 우리를 초대하셔서 매일 그분의 말씀을 나누고 기도하게 하셨다.

그 결과, 우리 가족은 흔들리지 않는 신앙과 살아 있는 믿음을 갖게 되었으며, 하나님의 무조건적인 사랑을 온전히 경험할 수 있었다. 하나님께서는 우리 가족의 작고 연약한 실천을 통해 상상할 수 없는 큰 기적을 이루어 주셨다. 그 기적은 화려하고 드라마틱한 것이 아니었다. 오히려 고요하고 잔잔하지만 우리 삶의 뿌리를 완전히 바꾸어놓은, 참으로 놀라운 변화였다.

성경을 매일 읽는다는 것, 그것은 단순한 습관이 아니었다. 그것은 하나님과의 일상적인 만남이었고, 우리 가족이 함께 걸어간 가장 아름다운 신앙의 여정이었다.

두 번째 1,000일

최근 5년 동안 우리 가족은 뿔뿔이 흩어져 지냈다. 남편은 회사 일로 주로 한국에 머물렀고, 아이들은 학교 때문에 다른 주에서 살았다. 나는 코코와 루이, 두 마리 강아지들과 혼자 지냈다. 강아지들 덕분에 혼자서도 웃음을 잃지 않았다. 그 작은 생명들은 나의 빈둥지증후군을 달래 주었고, 우울함을 이겨 내는 든든한 치료제가 되어 주었다.

그러던 우리 가족이, 오랜만에 다시 한자리에 모였다. 남편은 이제 더 이상 한국으로 출장을 가지 않아도 되었다. 아이들도 방학을 맞아 집으로 돌아왔다. 오랜만에 모인 가족과 함께 무얼 먹을까 고민하다 아이들에게 메뉴를 물었더니, 주저 없이 삼겹살이라고 대답했다. 맛있게 외식하고 돌아온 큰아이는 배가 부른 얼굴로 곧장 친구를 만나러 나갔다.

"11시까지 오렴. 우리 가족이 오랜만에 모였으니, 다시 예전처럼 성경을 읽자."

남편이 아이의 뒷모습을 향해 조용히 말했다. 오랜만에 모여서 고작 삼겹살만 먹고 끝날 수 없다는 듯, 친구를 만나러 가는 큰아이를 집으로 일찍 불러들였다.

몇 년간 멈췄던 성경 읽기를 어디서부터 다시 시작할지 하나님께 기도했다. 하나님께서는 레위기 말씀을 읽으라는 응답을 주셨다. 남편은 하나님의 음성을 듣는다. 그래서 성경을 펼치면 늘 우리 상황에 꼭 맞는 말씀이 눈앞에 놓였다.

그날 읽은 레위기의 말씀은 제물에 관한 내용이었다. 구약 시대에는 제사를 드리기 위해 수많은 동물을 죽여 제물로 바쳤지만, 신약 시대에는 예수님께서 단번에 우리의 죄를 위해 희생의 제물이 되셨다. 우리가 드리는 제물은 언제나 깨끗하고 거룩해야 한다는 메시지였다.

"나는 여호와 너희의 하나님이라 내가 거룩하니 너희도 몸을 구별하여 거룩하게 하고 땅에 기는 길짐승으로 말미암아 스스로 더럽히지 말라 나는 너희의 하나님이 되려고 너희를 애굽 땅에서 인도하여 낸 여호와라 내가 거룩하니 너희도 거룩할지어다"

_레위기 11장 44~45절

그날 저녁, 집안은 따뜻한 조명으로 빛났다. 우리 가족이 모두 거실에 모였다. 아이들은 소파에 앉아 성경을 펼쳤고, 남편은 테이블 앞에서 성경을 들고 말씀을 전할 준비를 했다. 코코와 루이, 두 강아지는 아이들 발아래에 조용히 누워 있었다.

우리 가족은 레위기 말씀을 교독한 후, 아빠가 이 말씀에 관해 하나님께서 주신 깨달음을 쉽게 설명했다. 남편의 목소리는 차분했고, 말씀의 의미를 곱씹으며 말하는 그의 표정에는 사뭇 진지함이 묻어났다. 아이들은 그 말씀을 집중해서 들었다. 그 순간, 우리 가족은 하나님의 말씀 안에서 하나가 되었다.

이어 남편은 요한복음 16장 8~11절을 읽었다.

"그가 와서 죄에 대하여, 의에 대하여, 심판에 대하여 세상을 책망하시리라 죄에 대하여라 함은 그들이 나를 믿지 아니함이요 의에 대하여라 함은 내가 아버지께로 가니 너희가 다시 나를 보지 못함이요 심판에 대하여라 함은 이 세상 임금이 심판을 받았음이라"

이 말씀을 남편은 아이들이 쉽게 이해할 수 있도록 설명해 주었다.

"성령님께서는 우리에게 죄와 의와 심판을 깨닫게 해 주시는데, 죄는 예수님을 믿지 못하는 것이며, 의는 예수님께서 아버지께로 가시니 우리가 다시는 그분을 보지 못하는 것이며, 심판은 이 세상 임금이 심판받는 것이다."

이렇게 남편은, 예수님께서 제자들에게 말씀하신 '성령께서 오셔서 세상을 향해 하실 세 가지 주요한 사역'을 아이들에게 알기 쉽게 풀어 주었다. 남편의 설명이 끝나고 우리는 서로를 위해, 또 편찮으신 할머니와 친척들을 위해 기도했다. 함께 성경을 읽고 기도하며, 하나님이 우리 가족과 함께 계심을 다시금 확인할 수 있었다. 성경을 읽는 이 시간이 우리에게 얼마나 소중한지, 하나님께서 우리에게 주시는 깨달음이 얼마나 귀한지 마음 깊이 느낄 수 있었다.

이처럼 가족이 모일 때마다 성경을 읽는 것은 우리 가정의 소중한 전통이 되었다. 매일 말씀을 읽을 때마다, 하나님은 기뻐하시며 우리에게 놀라운 깨달음을 주셨다. 이러한 가족의 성경 읽기는 단순히 종교적인 행위가 아니라, 우리 가족의 유대감을 더욱 돈독히 하고 서로를 더 깊이 이해하게 해 주었다. 또한 바쁜 일상 속에서도 하나님과의 관계를 놓지 않도록 지켜 주었다.

성경을 읽을 때마다 느끼는 평안과 하나님의 인도하심은 말로 다 표현할 수 없다. 이미 성경을 세 번이나 통독했기에, 성경 전체를 아우르는 눈이 열렸고, 말씀이 삶에 어떻게 연결되는지 더 깊이 깨닫게 되었다. 매일 말씀을 읽을 때마다, 우리 가족은 서로를 더 아끼게 되고, 하나님이 주시는 지혜를 얻어 이 세상을 살아갈 힘을 다시 얻는다.

심지어 강아지 코코도 이 시간에 늘 우리와 함께했다. 몇 년 만에 다시 성경을 읽고 기도하며 "아멘." 하고 마무리하자, 코코도 자다가 일어나 꼬리를 흔들었다. 마치 우리 가족의 기도와 예배가 끝났음을 알고 반응하는 듯했다. 그 모습에 우리 가족 모두 웃음을 터뜨리며 코코를 껴안았다.

함께 펼친 성경 한 장을 통해, 우리는 하나님이 주시는 깊은 평안과 무조건적인 사랑을 온전히 경험했다. 서로의 존재가 얼마나 소중하고 귀한지 새삼 깨달았다. 가족이 함께 말씀을 읽는 순간은 단순한 일상이 아니다. 하나님의 인도하심을 생생하게 확인하는 거룩한 시간이며, 우리 가족의 사랑과 믿음을 한층 더 견고하게 다져가는 은혜의 통로다.

성경을 읽는 것은 하나님과 대화의 시작이다. 그분의 음성을 듣고, 그분의 마음을 헤아리며, 우리 삶의 방향을 새롭게 정렬하는 신비로운 만남이다. 이 만남을 통해 우리는 진정한 지혜를 얻고, 참된 평안을 누리며, 흔들리지 않는 소망을 품게 된다.

말씀을 읽을 때마다 우리 마음에는 믿음의 씨앗이 심어진다. 그 씨앗은 조용히 자라나 우리의 생각과 말과 행동을 하나님의 뜻에 맞게 빚어간다. 가족이 함께 읽을 때 그 변화는 더욱 놀랍고 아름답다. 서로가 서로의 영적 성장을 목격하며, 하나님께 한 걸음 나아가는 기쁨을 맛보게 된다.

첫 번째 1,000일의 여정이 막을 내렸지만, 우리의 두 번째 1,000일은 이 순간에도 계속되고 있다. 끝이 아닌 새로운 시작이며, 더 깊고 풍성한 은혜를 향한 또 다른 출발이다.

에필로그

이 글을 쓰고 나서 마음에 가장 크게 다가온 것은 '감사'였다. 이 세상에 스스로 자란 사람은 아무도 없다. 모든 사람은 누군가의 수고와 은혜와 희생 덕분에 사회적 존재로 자립할 수 있다. 태어나자마자 버려진 고아조차도 누군가가 돌봐 주고 먹이고 입혀 주었기에 생존할 수 있었던 것이다.

사람은 결코 혼자 살 수 없는 존재다. 어린 시절에는 부모의 사랑과 보살핌으로 자라고, 그것을 기초로 학교에서 선생님과 친구들을 만나며 사회적 존재로서 성장한다. 내 의지와 상관없이, 주변의 환경과 사람들이 나를 위해 존재해 준다는 사실을 깨닫는다. 학교 선생님, 학원 선생님, 교회 선생님, 그리고 친척과 친구들, 모두가 내 삶을 이끌어 준 사람들이다. 그들과의 만남과 인연에는 언제나 배움과 깨달음이 숨어 있다.

지난 13년간 미국에서 겪었던 수많은 사건과 일들을 돌아보면, 모든 것이 하나님의 은혜였다. 그 은혜는 언제나 '사람'을 통해 이루어졌다. 시기적절하게 나타나 필요한 도움을 주고 떠난 사람들이 얼마나 많았는지 모른다. 지금의 내가, 또 우리 가족이 살아갈 수 있는 것은, 결국 하나님께서 우리의 삶을 지켜 주시며 수많은 도움의 손길을 보내 주셨기 때문이다.

미국에 오도록 남편에게 교수직을 제안해 준 학과장님, 영주권이 지연될 때 직접 이민국에 전화해 이틀 만에 해결해 준 조지아 하원의원, 큰아이 1학년이 끝날 무렵 FAFSA 재정 지원을 돕던 에모리 행정실 직원, 독일에서 박사학위를 받도록 도와준 교수님, 영주권이 없을 때 여행허가서를 내준 USCIS 직원까지…. 그때마다 만났던 손길들은 모두 기적이었다. 그리고 그 기적은 하나님의 인도하심이었다. 그들의 도움 덕분에 지금의 내가 있기에,

"이웃을 사랑하라"는 말씀을 더 깊이 마음에 새기게 되었다. 그리고 이웃을 사랑하고 그들을 위해 기도해야겠다고 결심했다. 이 세상에 태어난 모든 사람은 서로 사랑하며 살아야 한다는 것이 진리임을 깨달았다.

인간은 혼자서 성장하거나 성공할 수 없다. "나의 나 된 것은 하나님의 은혜"라는 고백처럼, 지금의 나는 하나님의 인도하심과 많은 사람들의 도움으로 이 자리에 서 있다.

이 땅에 살아가는 동안, 나와 함께한 주변 사람들의 은혜를 잊으면 안 된다. 이 세상은 나 혼자만 잘먹고 잘살기 위해 존재하는 것이 아니라, 함께 더불어 잘살기 위해 존재하기 때문이다. 내 삶을 지탱해 준 모든 사람에게 감사의 마음이 샘솟는다.

성경을 읽고 난 후, 우리 가정의 가장 큰 변화는 남편이 가정의 제사장이 되어 권위를 세운 것이다. 권위는 소리 지르고 억지로 명령한다고 세워지지 않는다. 진정한 권위는 자발적인 행동을 이끌어내는 힘이다. 권위가 있으면 존경이 생기고 평화가 임한다.

남편이 말씀을 선포하며 가정의 제사장으로서 올바른 역할을 하니, 자연스레 집안에 위계가 생기고 질서가 세워졌다. 그리고 아빠의 말이 하나님의 음성처럼 들리니, 아이들은 그 권위를 존중하며 순종하게 되었다. 신학대학을 나오지 않은 남편이 구약과 신약을 넘나들며 목사님처럼 말씀을 풀어 주니, 하나님이 살아 계시다는 것을 믿지 않을 수 없었다. 아버지가 제사장의 역할을 온전히 감당할 때, 성경이 말하는 평화로운 성가정이 자연스럽게 세워졌다.

요즘 세상을 바라보면, 가정을 깨뜨리려는 사탄의 전략이 곳곳에서 보인다. 무엇보다도 미디어는 그 도구로 활용된다. 불륜과 무책임한 관계가 마치 자유롭고 멋진 사랑인 것처럼 포장되며, 자극적이고 가벼운 관계가 진짜 행복인 양 떠오른다. 그러나 정작 그 끝에는 상처와 공허함만이 남는다.

결혼이란 단순히 감정에 기대는 것이 아니다. 그것은 서로에 대한 신뢰, 그리고 평생을 함께하겠다는 약속이다. 이 약속은 하루아침에 지켜지는 것이 아니다. 작은 오해를 풀어가는 인내, 반복되는 일상 속에서 서로를 배려하는 습관, 때로는 말없이 건네는 손길. 이 모든 것이 모여 결혼이라는 공동체를 지켜 낸다.

그리고 이 공동체인 가정을 지켜내기 위해서는 가족 전체가 함께 힘을 모아야 한다. 부모의 헌신, 자녀의 이해, 구성원의 격려와 응원이 필요하다. 가정은 단지 개인의 공간이 아니라, 사랑과 신뢰, 그리고 믿음을 배우는 가장 첫 번째 학교이기 때문이다.

믿음을 가진 사람으로서 나도 하나님의 음성을 듣고 싶었다. 하나님의 음성을 뚜렷이 듣는 남편이 부러웠다. 하지만 하나님은 매일 읽는 성경 말씀을 통해 그날의 성경 구절로 우리에게 당신의 뜻과 음성을 들려주셨다. 부모님의 장례식 때는 위로의 말씀을, 아이들이 싸울 때는 훈육의 말씀을, 영주권 문제로 걱정할 때는 기다리라는 말씀을 주셨다. 하나님의 음성은 귀로만 들리는 것이 아닌, 말씀을 통해 읽고 마음으로 깨닫는 것이다.

하나님의 음성을 듣고자 하는 이에게는 성경 말씀을 읽으라고 권하고 싶다. 우리와 함께하시는 임마누엘의 하나님은 말씀을 통해 당신의 음성을 들려주시고 우리 삶의 인도자가 되신다. 하나님의 음성은 신비롭거나 영험한 영역이 아니다. 매일 읽는 새로운 말씀으로 우리 삶에 깊이 개입하시고 구체적으로 나아갈 방향을 인도하신다.

매일 말씀을 읽고 기도하는 시간은 하나님과 가까워지기 위한 소중한 시간이었다. 그 시간이 켜켜이 쌓이면서 우리 가족은 더욱 깊고 흔들림 없는 믿음을 갖게 되었다.

　　나는 여러분도 매일 말씀을 읽고 기도함으로써 하나님의 은혜를 체험하시길 바란다. 우리의 삶을 변화시킨 1,000일의 기적처럼, 여러분의 삶에도 동일한 기적이 일어나기를 바라는 마음으로 이 글을 나눈다. 하나님께서 우리 가정에 부어 주신 복과 은혜가 여러분의 삶에도 충만히 임하시기를 간절히 소망한다.

매일 밤 10시 30분의 기적

1판 1쇄 인쇄 2025년 10월 10일
1판 1쇄 발행 2025년 10월 20일

지은이 구은주
펴낸이 인창수
본문 디자인 허윤강
표지 디자인 CLD
펴낸곳 태인문화사
신고번호 제2021-000142호
주소 경기도 파주시 탄현면 참매미길 234-14, 1403호
전화 031-943-5736
팩스 031-944-5736
이메일 taeinbooks@naver.com

ISBN 979-11-93709-09-2(03810)